中华文化风采录

浩瀚经典宝库

# 厚重的经传

胡元斌 编著

北方妇女儿童出版社
·长春·

版权所有　侵权必究

图书在版编目(CIP)数据

厚重的经传 / 胡元斌编著. —长春：北方妇女儿童出版社，2017.4（2022.8重印）

（浩瀚经典宝库）

ISBN 978-7-5585-0926-1

Ⅰ．①厚… Ⅱ．①胡… Ⅲ．①四书－介绍②五经－介绍 Ⅳ．①B222.1②Z126.1

中国版本图书馆CIP数据核字（2017）第055075号

厚重的经传
HOUZHONG DE JINGZHUAN

| | |
|---|---|
| 出 版 人 | 师晓晖 |
| 责任编辑 | 吴　桐 |
| 开　　本 | 700mm×1000mm　1/16 |
| 印　　张 | 6 |
| 字　　数 | 85千字 |
| 版　　次 | 2017年4月第1版 |
| 印　　次 | 2022年8月第3次印刷 |
| 印　　刷 | 永清县晔盛亚胶印有限公司 |
| 出　　版 | 北方妇女儿童出版社 |
| 发　　行 | 北方妇女儿童出版社 |
| 地　　址 | 长春市福祉大路5788号 |
| 电　　话 | 总编办：0431-81629600 |
| 定　　价 | 36.00元 |

# 序言

习近平总书记说："提高国家文化软实力，要努力展示中华文化独特魅力。在5000多年文明发展进程中，中华民族创造了博大精深的灿烂文化，要使中华民族最基本的文化基因与当代文化相适应、与现代社会相协调，以人们喜闻乐见、具有广泛参与性的方式推广开来，把跨越时空、超越国度、富有永恒魅力、具有当代价值的文化精神弘扬起来，把继承传统优秀文化又弘扬时代精神、立足本国又面向世界的当代中国文化创新成果传播出去。"

为此，党和政府十分重视优秀的先进的文化建设，特别是随着经济的腾飞，提出了中华文化伟大复兴的号召。当然，要实现中华文化伟大复兴，首先要站在传统文化前沿，薪火相传，一脉相承，弘扬和发展5000多年来优秀的、光明的、先进的、科学的、文明的和自豪的文化，融合古今中外一切文化精华，构建具有中国特色的现代民族文化，向世界和未来展示中华民族具有独特魅力的文化风采。

中华文化就是中华民族及其祖先所创造的、为中华民族世世代代所继承发展的、具有鲜明民族特色而内涵博大精深的优良传统文化，历史十分悠久，流传非常广泛，在世界上拥有巨大的影响力，是世界上唯一绵延不绝而从没中断的古老文化，并始终充满了生机与活力。

浩浩历史长河，熊熊文明薪火，中华文化源远流长，滚滚黄河、滔滔长江是最直接的源头，这两大文化浪涛经过千百年冲刷洗礼和不断交流、融合以及沉淀，最终形成了求同存异、兼收并蓄的辉煌灿烂的中华文明。

中华文化曾是东方文化的摇篮，也是推动整个世界始终发展的动力。早在500年前，中华文化催生了欧洲文艺复兴运动和地理大发现。在200年前，中华文化推动了欧洲启蒙运动和现代思想。中国四大发明先后传到西方，对于促进西方工业社会形成和发展曾起到了重要作用。中国文化最具博大性和包容性，所以世界各国都已经掀起中国文化热。

中华文化的力量，已经深深熔铸到我们的生命力、创造力和凝聚力中，是我们民族的基因。中华民族的精神，也已深深根植于绵延数千年的优秀文

## 序言

化传统之中，是我们的精神家园。但是，当我们为中华文化而自豪时，也要正视其在近代衰微的历史。相对于5000年的灿烂文化来说，这仅仅是短暂的低潮，是喷薄前的力量积聚。

中国文化博大精深，是中华各族人民5000多年来创造、传承下来的物质文明和精神文明的总和，其内容包罗万象，浩若星汉，具有很强的文化纵深感，蕴含丰富的宝藏。传承和弘扬优秀民族文化传统，保护民族文化遗产，已经受到社会各界重视。这不但对中华民族复兴大业具有深远意义，而且对人类文化多样性保护也有重要贡献。

特别是我国经过伟大的改革开放，已经开始崛起与复兴。但文化是立国之根，大国崛起最终体现在文化的繁荣发展上。特别是当今我国走大国和平崛起之路的过程，必然也是我国文化实现伟大复兴的过程。随着中国文化的软实力增强，能够有力加快我们融入世界的步伐，推动我们为人类进步做出更大贡献。

为此，在有关部门和专家指导下，我们搜集、整理了大量古今资料和最新研究成果，特别编撰了本套图书。主要包括传统建筑艺术、千秋圣殿奇观、历来古景风采、古老历史遗产、昔日瑰宝工艺、绝美自然风景、丰富民俗文化、美好生活品质、国粹书画魅力、浩瀚经典宝库等，充分显示了中华民族厚重的文化底蕴和强大的民族凝聚力，具有极强的系统性、广博性和规模性。

本套图书全景展现，包罗万象；故事讲述，语言通俗；图文并茂，形象直观；古风古雅，格调温馨，具有很强的可读性、欣赏性和知识性，能够让广大读者全面触摸和感受中国文化的内涵与魅力，增强民族自尊心和文化自豪感，并能很好地继承和弘扬中国文化，创造未来中国特色的先进民族文化，引领中华民族走向伟大复兴，在未来世界的舞台上，在中华复兴的绚丽之梦里，展现出龙飞凤舞的独特魅力。

目录

## 儒家教材——儒家四书

002　为人处世哲学的《论语》

014　提倡施行仁政的《孟子》

022　修身治国之学的《大学》

028　人性修养著作的《中庸》

## 最古文献——儒家五经

038　最早的诗歌总集《诗经》

047　最早的历史文献《尚书》

052　最早的典章制度《礼记》

056　最早的哲学著作《周易》

065　最早编年体史书《春秋》

目 录

## 史学宝典——春秋三传

074 最早编年体史书《左传》

081 阐释微言大义的《公羊传》

087 强调礼乐教化的《谷梁传》

## 儒家教材

## 儒家四书

　　《大学》《中庸》《论语》和《孟子》一起合称为我国古代儒学"四书",为儒家传道、授业的基本教材。多少年来,"四书"在我国广泛流传,其中许多语句已成为脍炙人口的格言警句,影响特别巨大。

　　《论语》《孟子》分别是先秦圣人孔子、孟子及其学生的言论集,《大学》《中庸》则分别出自早期儒家的4位代表人物孔子、曾参、子思和孟子的言论和整理,被称为"四子书"。这4部书都表达了儒学的基本思想体系,是我国研究儒学最重要的文献。

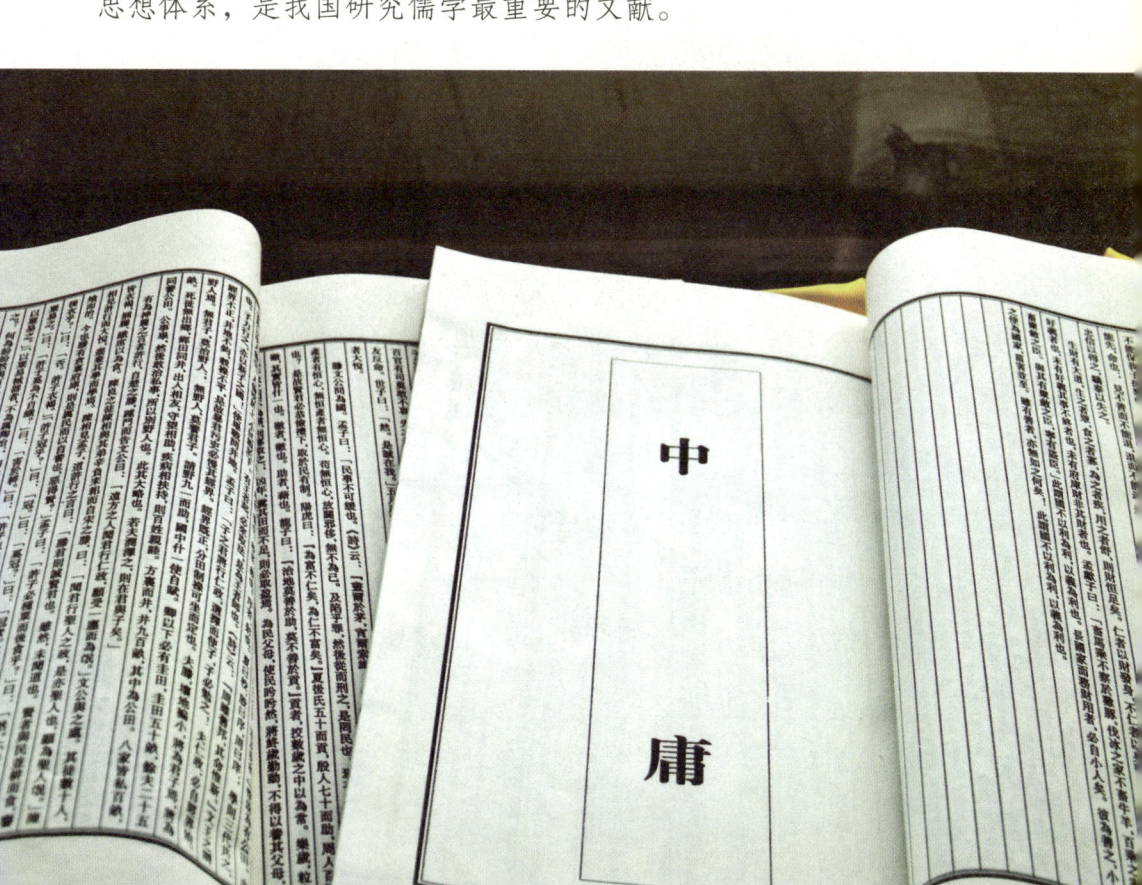

# 为人处世哲学的《论语》

那还是我国上古时期,人文始祖尧帝传位给舜时,在帝位交接那一天,尧举办了庄严而隆重的禅让大典。尧对舜说:

咨!尔舜!天之历数在尔躬,允执其中。四海困穷,天禄永终。

这句话表明尧已经将天帝的神圣使命托付给了舜,尧告诫舜,要忠于这份神圣使命,并说假如舜辜负了使命使得四海困穷,那么舜将被打入十八层地狱。尧对舜告诫很严厉,强调舜对四海的重大责任。

在舜禅让给禹的时候,舜也同样采用了这句话。禹最后本来应该把帝位禅让给一个叫伯益的德高望重的人。但是,随着社会发展,政权日益落入部落首领们的手中了,他们聚集在禹的儿子启周围,开始反对把帝位禅让给伯益,并联合起来打败了拥护伯益的力量,最后启打败了伯益,继承了帝位。

于是,启正式拉开了我国凭借武力进行世俗制度管理国家的历史大序幕,开创了我国第一个世俗强权的夏王朝。到了夏王桀时期,年年发生天灾人祸,夏王朝对内加强剥削,对外加强武力,结果闹得众叛亲离。这时,诸侯王商汤起兵讨伐夏王朝,并采用祭拜天帝仪式,非常虔诚恭敬地向天帝宣布:

■舜帝铜像

尔尚辅予一人,致天之罚,予其大赉汝!尔无不信,朕不食言。

意思是说,你们只要辅助我,奉行上天的命令讨伐夏国,我就要加倍地赏赐你们!你们不要不相信,我是决不会失信的。

商汤巧妙借助祭天仪式,成功赋予了自身天帝代言人身份,并自称"天子",表示自己是天帝的儿子。商汤打败了夏桀,拯救了广大人民。于是,人民也就对商汤这个自封的"天子"深信不疑。商朝开创了我国将对神的信仰置于世俗强权之上的格局。

由于商纣王时期,商王手握"天命"解释权,实行武力治国,导致人民开始恐怖天命。这时,地处西边的诸侯国周族首领姬昌,则针锋相对地提出了"仁",宣告天帝是仁慈的,于是大获民心,力量也日渐强大。

**禅让** 指古代帝王让位给不同姓的人,这是一种"拟父子相继、兄终弟及"的王位继承制,是我国历史上统治权转移的一种方法。就是经过各方部落首领以协商的方式推举部落最高首领,这反映了我国"五帝"时期复杂的部族政治现状,是上古政治舞台上部族政治激烈角力的结果。

> **周武王**（？～前1043年），名姬发，周文王次子。西周王朝开国君主，谥号"武"，史称周武王。他继承父亲遗志，于公元前11世纪消灭商朝，夺取全国政权，建立了西周王朝，表现出卓越的军事、政治才能，成为了我国历史上的一代明君。

> **礼器** 古代贵族在举行祭祀、宴飨、征伐及丧葬等礼仪活动中使用的器物。礼器是在原始社会晚期随着氏族贵族的出现而产生的，历史悠久，主要用来表明使用者的身份、等级与权力。青铜礼器种类数量众多，工艺精美，最为重要，种类有食器、酒器、水器、乐器和杂器等。

姬昌的儿子姬发打败了商纣，拯救了人民，人民也信赖这个行"仁"的天命代言人，他就是周武王。周武王追尊姬昌为周文王。

在周武王去世后，其子周成王姬诵即位，当时由于周成王年幼，就由周成王的叔叔姬旦摄政当国。姬旦，也称叔旦，因是周代第一位周公，又称周公旦。他是周文王姬昌的第四子。

在周公摄政之前，商王朝对于臣服的方国、部落虽加有侯、伯等封号，但始终没有形成完整的分封制度。没有系统的控制方案，所以天下的方国时而臣服，时而反叛，使商政权很不稳固。

周公就从王朝的长治久安出发，吸取了商代的建制不完备的教训，开始对分封制重视起来，目的是使之系统化、制度化，并与宗法制度紧密结合起来，全面推广到广大地区。为了巩固周王朝对分封的各个诸侯的管理，周公从政治及文化方面制定了一套完整的典章制度，史称"周公制礼作乐"。

周公发明制定了一整套礼乐制度，颁布给各路"神仙"，并以"礼"来划分人间等级秩序，同时又以"乐"来调和该等级秩序，两者相辅相成。如此一来，礼乐制度使周政权的国家管理和社会生活和谐起来。由于周政权把很多人都抬到了神的高度，人民由此日益失去了对"天帝"的信仰。

在春秋末期，社会礼崩乐坏，国家诸侯割据。面对这样的社会环境，士人们纷纷思考治国良策，形成了不同的学说流派，"百家争鸣"的局面出现了。

孔子是春秋末期鲁国人，他祖先本是殷商贵族的后裔。自孔子六世祖孔父嘉以后，后代子孙开始以孔为氏。孔子曾祖父孔防叔为了逃避宋国内乱，从宋国逃到了鲁国的陬邑曲阜。

孔子父亲叔梁纥是鲁国出名的勇士，叔梁纥夫人施氏一连生了9个女儿，却没生一个男孩。叔梁纥为此十分烦恼，晚年便又娶了年轻的颜徵在为妻。颜徵在为叔梁纥生了一个儿子，取名孔丘，字仲尼。

孔丘3岁时，叔梁纥便去世了。从此以后，家里生活全靠颜徵在一人支撑着，生活过得十分拮据。孔丘从小就饱尝到了生活的艰辛，并由此学会了体贴母亲。长大成人的孔丘特别注重孝道，除了时代的原因外，也与他的成长经历有着密不可分的关系。

小仲尼从小就受到周礼的耳濡目染，他与小伙伴们嬉戏时，常把祭祀礼器摆放出来，练习礼仪。

仲尼6岁的时候，有一天，有位贵族在曲阜南郊进行祭祀活动，他观看完了郊祭大典的整个过程。祭祀结束后，小仲尼意犹未尽，回到家便从屋里找出一些坛坛罐罐恭敬地摆在院子里，模仿刚才在南郊看到的祭礼，按照程序一丝不苟地认真演练了一遍。从此，模仿郊祭便成了小仲尼经常做的游戏。

牧野之战

在母亲悉心教导下，小仲尼进步飞快，只用了6天的工夫，就把300多个字学会了。13岁时，小仲尼进入官学学习，当时学生们所学的，主要是敬神祭祀的礼节。15岁前，仲尼学习了一般文化知识和基本技能，但这些根本无法满足他对知识的渴求。

仲尼勤奋好学，当时社会上要求士人必须精通"礼、乐、射、御、书、数"六大科目，他都努力去掌握。他进太庙时遇见什么问什么，表现了极其强烈的求知欲望。

孔丘17岁时，母亲颜徵在去世了。母亲离世后，孔丘的生活更为艰难了。迫于生计，他选择了相礼助丧的职业，也叫丧祝，就是专门为贵族和富裕平民主持、操办丧事。按照当时礼制，丧礼仪式是十分复杂的，也颇为讲究，尤其是富庶人家的葬礼更是隆重奢华。

孔丘虽然严肃认真地从事着助丧相礼的职业，但他却不满足于只做传统的丧祝儒者，他希望把丧祝的礼仪发扬光大，使其成为一套社会规范的礼仪。

于是他刻苦学习周礼，很快他渊博的学识和出众的才华，在丧祝活动中得到越来越多人的承认和赏识，他的名气也越来越大了，后来，就连鲁国国君鲁昭公也开始注意到他了。

■ 孔子圣迹图之《二龙五老图》

公元前532年，19岁的孔子结婚了。婚后第二年，他便有了儿子。鲁昭公知道这个消息后，特命人送了一条大鲤鱼以示祝贺。孔子随即给儿子起名为鲤，字伯鱼，以表示对君王赐鱼的纪念。

孔子渊博的学识和出众的才华，得到越来越多人的承认和赏识。于是便有一些年轻人慕名而来求学于他，并尊称他为孔子。不久，在鲁国执政的正卿季武子派人前来请孔子，让他担任中都宰。孔子恪尽职守，正直公正，工作卓有成效，得到了众人赞誉。

孔子从23岁起便开始在乡间收徒讲学，到30岁时，由于求学的学生越来越多，鲁国上卿大夫孟僖子面奏鲁国君，请求准许孔子开办学校教授学生。鲁国君答应了。孔子建成了我国历史上的第一所民间学堂，由此，开启了我国私人办学的先河。

孔子画像

在孔子看来，一个人只有正直才能光明磊落，只有心中坦荡做事才没有担忧。孔子认为，做人除了要正直外，还要仁德，因为仁德是做人的根本，是处于第一位的。孔子认为，能够自己做主去实践礼的规范就是人生的正途。一旦做到言行符合周礼，即"克己复礼"，天下的人就会赞许你为仁人了。有一天，孔子和弟子们讨论学问。弟子颜渊向孔子请教，说道："老师，什么是仁呢？如何做到仁呢？"

孔子回答："克制自己，恢复周礼，就是仁；以周礼为标准，时时处处严格要求自己，使自己的言行符合周礼，就是做到仁了！"

弟子子路便又接着问："老师，什么是仁德呢？怎样做才算是仁德呢？"

> **老子** 又称李耳，春秋时最伟大的哲学家和思想家之一，被道教尊为教祖。老子存世著作有《道德经》，又称《老子》，其学说对我国乃至世界哲学发展具有深刻影响。老子的思想主张是"无为"，"道"为客观自然规律，同时又具有"独立不改，周行而不殆"的永恒意义。

> **齐景公**（？～约前490年），是春秋后期的齐国君主。他年幼登基，在位58年，是齐国历史上统治时间最长的国君。他亲政之初，虚心纳谏，认真听取、采纳晏婴、弦张等人建议，从而使齐国在短短几年间由乱入治。他的文治武功使齐国得以强盛一时，成为后来齐国强大的基石。

孔子说："对人恭谨就不会招致侮辱，待人宽厚就会得到大家拥护，交往信实别人就会信任，做事勤敏就会取得成功，给人慈惠就能够很好使唤民众。能实行这五种美德者，就可算是仁德了。"

孔子认为，要重视向仁德的人学习，用仁德的人来帮助自己培养仁德。而仁德的人应该是自己站得住，也使别人站得住，自己希望达到也帮助别人达到，凡事能推己及人的人。

孔子31岁的时候，在鲁昭公的赞助下，来到周的京城洛阳考察参访。首先拜见了老子这位高人，老子此时担任周王室的图书档案和文物的保管工作，他热情地接待了孔子。老子的年龄比孔子大得多，大概年长40岁，人生阅历丰富，接触的文物史料也非孔子所能及，所以，孔子见老子是孔子学问事业上的一个大转折。

老子见孔子千里迢迢来学习，为他的好学所感动，不仅指出了孔子内在涵养的不足，还回答了孔子的很多有关古礼的问题。同时，老子还给孔子引见了擅长音乐的苌弘。苌弘也把自己掌握的有关乐的知识全部告诉了孔子，使孔子对音乐有了进一步的了解。

孔子离开前，老子告诫说："一个聪慧又能深思洞察一切的人，却常遭到困厄、濒临死亡，那是因为他喜好议论别人的缘故；学问渊博见识广大的人，却常使自己遭到危险不测，那是因为他喜好揭发别人罪恶的缘故。做人子女的应该心存父母，不该只想到自己；做人臣子的应该心存君上，不能只顾到自己。"

公元前517年,齐景公出访鲁国时因仰慕孔子的大名,便派人把孔子请到府上,向孔子请教安邦治国的良策。齐景公问孔子:"请问夫子,做为国君,应该如何治理他的国家呢?"

孔子回答说:"治国的根本在于'人伦纲常'。君主必须像个君主,臣子必须像个臣子,父亲要像个父亲,儿子要像个儿子。每个人都要各在其位,各司其职。否则国将不国,政将不政,社会将混乱不堪。而治国的前提在于君主要严于律己。如果君主自己正,管理国政就不会有什么困难,如果自己不端正,随心所欲,为所欲为,就不可能去端正别人,其国家也无法治理。除此之外,君主还应该重视才智礼仪仁德的关系,这些都是治国不可偏废的条件。"

齐景公又问:"稳定天下的大计是什么呢?"

孔子回答说:"要实行清明的政治,用贤惩恶,减轻赋税,助民兴业。"

齐景公问:"教育百姓的良策是什么呢?"

孔子回答说:"用道德感化教育,用礼教加以约束,能使百姓不

齐景公问政图

但有羞耻之心,而且能改过向善。"

齐景公又问:"怎样才能富国强兵呢?"

孔子回答说:"从严治吏、发展生产、节俭,三者结合是强国的关键;从严治军、注重德教、加强训练,为强兵之本。"

齐景公赞扬道:"夫子所谈治国之道言近旨远,切实可行啊!"自从这次交谈之后,齐景公多次召见孔子论政述志。

公元前516年,孔子来到齐国,这是孔子生平中第一次有记录的政治活动。这一年他36岁。孔子在齐国听到了韶乐,这可是舜帝时代的乐曲,孔子对它的评价是"尽善尽美"。

在孔子的教学科目中,音乐是很重要的一科,他认为"移风易俗,莫善于乐"。经孔子整理过的传统文化,又叫礼乐文化,礼是文化教育,开发人的左脑功能;乐是艺术教育,开启人的右脑功能。用礼来约束行为,用乐来陶冶情操,这就是人文教育。

孔子原本希望从齐景公这里能够得到一个从政机会,可是,他在齐国住了一年多时间,不仅从政的希望没有实现,就连齐景公当面答应的给予尼谿之地的封赏也落空了。后来,孔子得知齐国大夫妒忌自己的才能,不但要挟齐景公收回对自己已许下的赏赐,而且还欲加害自己。于

孔子圣迹图之《为儿戏图》

是，孔子又重新回到鲁国，继续聚徒讲学。

孔子一面教导弟子，一面上下求索。孔子提出的"仁"实际上就是赋予仁以普遍人人之爱的形式，换句话说就是对所有人，包括处于社会最底层的奴隶，都要尊重、关心和体谅。当时正是"百家争鸣"时期，孔子的言论是"百家争鸣"中最有影响的。

▎孔子圣迹图之《昭公赐鲤图》

公元前501年，51岁的孔子接受鲁国大夫季氏的聘任，担任了地方官中都宰。一年以后，他擢升为司空，之后又升任大司寇。在孔子的治理下，鲁国国力日益强盛起来，引起了邻国齐国的警惧。于是，齐大夫黎锄设计，向鲁定公赠送大量女乐宝马。从此，鲁定公成天只顾沉溺于女乐而不问朝政。

孔子劝谏多次却无功而返。孔子见与鲁定公、季桓子等人在道德与政见上的分歧难以弥合，知道自己留在鲁国也难以在政治上有所作为，便离开鲁国，希望到别的诸侯国实践自己的治国理想，然而他均未获得重用。

颠沛流离14年后，年近70岁的孔子被鲁国权贵季康子派人迎回鲁国尊为"国老"。但此时的孔子对仕途已经淡漠了，他便将精力主要用在培养弟子和整理古代文化典籍上了。

■孔子杏坛讲学图

孔子从事教育达40多年之久,门生众多。据史料记载,孔子弟子有3000人,其中才华出众、品德优良者有72人。这些弟子都非常尊敬孔子,他们把孔子的思想进行广泛传播,在当时产生了很大的影响。后来,孔子主要弟子及其再传弟子把孔子的言行记录并整理成了一部书,名叫《论语》,意思是语言的论纂。

《论语》集中体现了孔子的政治主张、伦理思想、道德观念及教育原则等。全书共20篇,每篇由若干段文字组成,多数段落是以"子曰"开头的孔子语录,少数段落略有记事和对话。

在《论语》中,表现了孔子因材施教的特点,他对于不同的学生对象,考虑其不同的素质、优点和缺点以及具体情况,给予不同的教诲,表现了他诲人不倦的可贵精神。

《论语》和儒家伦理学著作《孝经》是汉朝初学者的必读书,一定要先读这两部书,才进而学习"五经","五经"就是后来的《诗经》《尚书》《易经》《礼记》和《春秋》。

汉朝人所注释的《论语》,后来基本上全部亡佚,后来所残存的，以东汉末年经学大师郑玄注为较多。其他所注各家，在三国时期玄学家何晏《论语集解》以后，就多半只存于《论语集解》中。

后来，我国古代文籍《十三经注疏·论语注疏》就是用的何晏的《集解》和宋人邢昺的《疏》。至于何晏、邢昺前后还有不少专注《论语》的书，可见《论语》影响的深远。

《论语》是研究孔子思想的主要资料，孔子思想的精微就集中在书中。全书的语言简洁精练，含义深刻，其中有许多言论至今仍被世人视为至理名言。作为我国古代儒家经典著作之一，《论语》在东汉时就被列为"七经"之一。

在南宋时，著名思想家朱熹将《论语》和《孟子》以及《礼记》中的《大学》《中庸》合编为"四书"，与"五经"并列，成为后来读书人科举考试的必读书目。

一部《论语》，便将孔子及其门生的有限生命融入到了无尽的历史之中，创造了我国古代光辉的人文主义精神，被后人誉为"天不生仲尼，如万古长夜"。后人还称赞道："半部《论语》治天下。"可见《论语》对我国文化的巨大影响力。

## 阅读链接

有一天，弟子子路问孔子："听说一个主张很好，是不是应该马上实行？"孔子说："还有比你更有经验、有阅历的父兄呢，你应该先向他们请教请教再说，哪里能马上就做呢？"过了几天，孔子另一弟子冉有也问孔子同样问题："听说一个主张很好，是不是应该马上就去做呢？"孔子答道："当然应该马上去做。"

弟子公西华看见两人问了同样问题，而孔子给他们的答复却截然不同，实在想不通，便去问孔子，孔子说："冉有遇事畏缩，犹豫不决，所以要鼓励他勇敢；子路遇事轻率，不深思熟虑，所以要叮嘱他慎重。"

# 提倡施行仁政的《孟子》

春秋中后期的时候，随着生产力的发展，水利的兴修，铁器的使用和牛耕的推广，各诸侯国的经济得到不同程度的发展，政治形势也产生了相应的变化。

孟子画像

公元前408年，强大的齐国攻破了鲁桓公后代孟孙氏的食邑郕城，孟孙氏子孙便分散流落到其他诸侯国，其中有一支迁居到邹国。迁居到邹国的孟孙氏后人中有个名为孟激的人，他妻子仉氏为他生了个儿子，取名轲，字子舆。小孟轲刚3岁时，他父亲孟激就去世了，小孟轲的母亲靠给别人织布艰辛地抚养着小孟轲。

小孟轲家附近有一个墓地，有一次，有个人去世了，发丧的队伍经过他家去附近的墓地。小孟轲见发丧的队伍哭得死去活来觉得很有意思，便和小伙伴们模仿发丧，玩起游戏来。孟母认为居住在这样的环境里对小孟轲成长不利，便搬到没有墓地的城里去住。

■ 孟母教子图

搬到城里不久，小孟轲见家对面卖鲜肉的小贩手提着鲜肉叫卖非常有意思，他便和小伙伴们手拿着萝卜模仿卖鲜肉小贩的叫卖。孟母决定再次搬家。这次孟母决定把家搬到学校附近居住。

搬到学校附近后，小孟轲5岁了，孟母就把小孟轲送到私塾读书。刚开始的时候，小孟轲读书非常认真，但渐渐地，小孟轲对读书生活产生了厌倦的情绪。有一次，小孟轲乘老师不注意悄悄地从学校溜回家，正遇到孟母在织布机上织布。孟母这个时候已经织成好大一块布了，她见小孟轲回来，就问："你怎么不好好在学校跟老师读书，回家做什么？"

小孟轲说："妈妈，我不想再读书了，读书没一点意思。"孟母非常生气，她从织布机边站起来，拿了一把剪刀将已经织好的布匹一刀斩断。顿时，已经快织好的布散落了一地，变成了废料。

小孟轲看到后十分心疼，他不解地问孟母："妈妈，这布已经快织好了，你为什么要把它斩断？"

孟母说："我这么做，就是要你明白，学习知识如同织布，靠的是日积月累，需要坚持不懈的努力才能成功。如果你现在不读了，岂不是跟这织了一半的布一样？半途而废太可惜！"小孟轲深受震撼，从此以后,他便专心致志地发奋读书,再也不贪玩了。

孟轲15岁的时候,拜儒家思想创始人孔子的孙子子思为师,经过青少年时期的饱学和钻研之后,孟轲开始在家乡聚徒讲学,逐渐成为了当时最有影响的儒学大师,被人们尊称为孟子。

在当时,百家争鸣,游说之风十分盛行。一般游说之士,不但要有高深的学问和丰富的知识,更需要懂得用深刻生动的比喻,来达到讽劝执政者的目的。孟子是当时有名的辩士,一次,他到魏国去见好战的梁惠王。梁惠王说:"先生,你不远千里而来,一定是有对我的国家有利的高见吧?"

孟子回答说:"大王,何必说利呢?只要说仁义就行了。您如果要求'怎样使我的国家有利',那么大夫也会要求'怎样使我的家庭有利',下面的一般人士和老百姓也都要求'怎样使我自己有利',这必然会使全国上下互相争夺利益,国家不就危险了吗?在一个拥有一万辆兵车的国家里,杀害国君的人,一定是拥有一千辆兵车的大夫;在一个拥有一千辆兵车的国家里,杀害国君的人,一定是拥有

■ 孟母择邻图

一百辆兵车的大夫。这些大夫在一万辆兵车的国家中就拥有一千辆兵车,在一千辆兵车的国家中就拥有一百辆兵车,他们的拥有不算不多。可是,如果把'义'放在'利'的后面,这些大夫不夺得国君的地位是永远不会满足的。反过来说,从来没有讲'仁'的人会抛弃自己的父母,而从来没有讲'义'的人会夺国君的地位。所以,大王只说'仁义'就行了,何必说'利'呢?"梁惠王听后十分惭愧。

过了几天,梁惠王又问:"当年,天下没有比我们魏国更强的国家了,而现在到了我当政,东边被齐国打败,连我的大儿子也阵亡了;西边又丧失了河西之地700里,割让给秦国;南边又被楚国侵占了8个城邑。我为此感到非常耻辱,希望能早日雪耻复仇,您说我该怎么做呢?"

孟子回答说:"在任何方圆百里的小国家,都可以在自己的国土推行王道,大王如果肯对百姓施行仁政,减免刑罚,少收赋税,提倡精耕细作,及时锄草,使健壮的青年利用闲暇时间加强孝亲、敬兄、忠诚、守信的道德修养,做到在家能侍奉父兄,外出能尊长敬上,这样,即使是手里拿着木制的棍棒,也可以跟拥有坚实盔甲和锋利武器的秦、楚军队相对抗。原因是秦国和楚国侵占了百姓的农时,使百姓无法耕种田地来赡养父母。他们使老百姓的父母受冻挨饿,兄弟妻子各自逃散,您如果兴师前往讨伐这样的国家,有谁能跟您较量呢?'实行仁政者无敌于天下'。请大王不要再犹豫徘徊!"

**儒学** 也称为儒教,是我国古代最有影响的学派。作为我国古代固有价值系统的一种表现的儒家,并非通常意义上的学术或学派,它是中华法系的法理基础,对我国以及东方文明发生过重大影响并持续发展的意识形态。

**百家争鸣** 指春秋战国时期知识分子中不同学派如儒家、道家、墨家的涌现及各流派争芳斗艳的局面。是我国历史上第一次思想解放运动,是中国学术文化思想发展史上的重要阶段,由此奠定了我国思想文化发展的基础。各家互相辩驳,又互相影响,有力地促进了思想文化的发展。

《孟子》竹简

孟子对各诸侯国之间发动的攻伐战争导致人民流离失所深恶痛绝，所以，他怀着救民于水火的美好愿望，一再劝梁惠王要以"仁者"得"天下"，而不是靠发动战争争霸天下。然而，当时梁惠王致力于富国强兵，希望通过暴力的手段实现统一。孟子的仁政学说并没有得到实行的机会。

齐宣王曾经向孟子问："齐桓公、晋文公在春秋时代称霸的事情，您可以讲给我听听吗？"

孟子回答说："孔子的学生并没有谈论过齐桓公、晋文公称霸之事，所以没有传到后代来，我也没有听说过。您如果一定要我说，那我就说说用道德来统一天下的王道吧？"

齐宣王问："那么，怎么做才可以用道德统一天下呢？"

孟子说："这就要求您，所做的一切都是为了让老百姓安居乐业。这样去统一天下，就没有谁能够阻挡了。"

齐宣王说："像我这样的人能够让老百姓安居乐业吗？"

孟子说："能够。"

齐宣王说："你凭什么知道我能够呢？"

孟子说："曾经有人告诉过我一件事，说您有一天坐在大殿上，有人牵着牛从殿下走过。您看到了，便问：'把牛牵到哪里去？'牵牛的人回答，'准备杀了取血祭钟。'您说：'放了它吧！我不忍心看到它害怕得发抖的样子，就像毫无罪过却被判处死刑一样。'牵牛的人问：'那就不祭钟了吗？'您说：'怎么可以不祭钟呢？用羊来代替牛吧！'不知道有没有这件事？"

齐宣王回答说:"是有这件事。"

孟子说:"凭您有这样的仁心就可以统一大江南北了。老百姓听说后都认为您是吝啬,我却知道您不是吝啬,而是因为不忍心。"

齐宣王说:"是的,确实有老百姓这样认为。不过,我们齐国虽然不大,但我怎么会吝啬到舍不得一头牛的程度呢?我其实是不忍心看到牛害怕得发抖的样子,所以用羊来代替它。"

孟子说:"您这种不忍心正是仁慈的表现,你之所以要用羊来代替,是因为您当时没有见到羊被宰杀的样子。从古至今,君子对于飞禽走兽,见到它们活着,便不忍心见到它们死去;听到它们哀叫,便不忍心吃它们的肉。所以,君子总是远离厨房。"

之后,孟子又游说于魏、齐、宋、滕、鲁等国,但其"仁政"理想均未能实现。随后,孟子便退居讲学,和他的学生一起,"序《诗》《书》,述仲尼之意,作《孟子》七篇"。

《孟子》一书是孟子的言论汇编,由孟子及其弟子共同编写而

孟子说齐图

> **仁政** 一种儒家思想。是儒家思想代表孟子从孔子的"仁学"继承发展而来。是孟子学说中的"民本""仁政""王道"和"性善论"等政治理想之一。儒家认为，统治者宽厚待民，施以恩惠，有利争取民心。

成，记述了孟子一生的主要言论、政治活动和思想学说，属语录体散文集。全书共有7篇：《梁惠王》上、下；《公孙丑》上、下；《滕文公》上、下；《离娄》；《万章》上、下；《告子》上、下；《尽心》上、下。

《孟子》一书集中地体现了孟子的政治思想、哲学思想和教育思想。孟子的政治思想与孔子一脉相承，并把孔子"仁"的政治思想发展为"仁政"学说。这一学说主张统治者要施仁政于民，以德服人，实行王道，反对以力服人，实行霸道；对臣民应减轻刑罚与赋税，发展农业生产；对百姓应施行道德教化，从而使国家长治久安。

《孟子》还指出，国家存在的根本不在于"天时、地利"，而在于"人和"，"得道者多助，失道者寡助"，劝诫统治者要与民同忧同乐。《孟子》中的"仁政"学说，其哲学基础是"性善论"。

孟子认为：仁，人心也；义，人路也。仁义合一，居仁由义，是现实的伦理与合理的道德。从孟子开始，"义"便在道德哲学体系中具有了特别重要的地位，从而形成了儒家以"仁、义"为核心和标识的道德哲学体系。

> **性善论** 孟子的学说，孟子提出的一种对人性的一种看法。是在他自己的那套心、性观基础上建立起来的。其心、性观主要有以下两点内容：第一，它是"道德层面"的心性，不是"情欲层面"的心性。第二，这个"道德层面"的心性具有仁义的内在先天规定性。

此外，《孟子》还非常重视教育对人的影响作用；强调人的自我教育，主张修身养性，"养吾浩然之气"，以完善自我；书中还教育人们为实现远大奋斗目标要有"苦其心志""劳其筋骨""饿其体肤"的吃苦精神。并提出"富贵不能淫，贫贱不能移，威武不能屈"的道德标准。

在孟子所处的时代，政治斗争激烈，各派学说蜂起。为了宣传自己的主张，孟子不得不与其他各类思想与学派进行交锋，这就使《孟子》中的许多文章充满了论辩性。在论辩中，孟子往往巧妙地运用了逻辑推理的方法，采用欲擒故纵，迂回曲折的方式，把对方引入自己预设的结论中。

孟子成为仅次于孔子的一代儒家宗师，东汉著名的经学家赵岐称孟子为"命世亚圣之大才"。南宋著名的思想家朱熹将《孟子》与《论语》《大学》《中庸》合在一起称"四书"。后来元代至顺初年，元文宗皇帝加赠孟子为"邹国亚圣公"，尊封为"亚圣"，从此，孟子便与孔子合称为"孔孟"。直到清末，《孟子》一直都是科举必考的内容。

孟子塑像

## 阅读链接

当孟家还在庙户营村集市旁居住时，孟子看到邻居杀猪，不解地问母亲："邻家杀猪干什么？"孟母当时正忙，便随口应道："煮肉给你吃！"孟子十分高兴，等待食肉。

孟母深知做人要诚实，所谓"言必信，行必果"，而且她深深知道身教重于言传。为了不失信于儿子，尽管家中十分困难，孟母还是拿钱到东边邻居家买了一块猪肉，让儿子吃了个痛快。

# 修身治国之学的《大学》

那还是我国西周时期,社会兴旺发达,人们对生产、生活法则的认识,以及在社会生活典章制度的建立等方面都积累了丰富的经验,逐渐达到了比较齐备的程度。在这样的基础上,为了传承这些经验,从王宫到国都以及普通街巷,没有不设立学校的。

上自王公的子孙,下至老百姓的子弟,年满8岁的孩子,都进入小学学习。当时,小学教学的内容是日常生活、待人接物的基本礼节,其中包括礼仪、音乐、射箭、驾车、识字、计算等基础知识和基本技能。待孩子长到15岁时,再进入大学学习穷尽事理、端正本心、修养自身、管理人的原则和方法。

这些西周学校的设置是如此广泛，教学方法的次序和内容是如此详细分明，而所教的内容，都是人君亲身经历的经验、教训和心得，不要求学习日常生活规则和伦理之外的知识。正因为这样，当时这些学习的人，没有不明白自己的职分所应当做和不应当做的，这样各人就埋头尽力来做好自己的事情。

到了东周时期，周王室衰微，渐渐失去了对诸侯的控制能力。诸侯虽然是周王室的臣属，但在其自己的领地内却是国君，拥有用人、财政、军事等方面的独立大权。于是，一些诸侯势力强大之后，他们便不再服从周王室的命令，维护封建宗法等级制度的"周礼"遭到极大破坏，诸侯争霸，社会处于动荡之中。由于社会内部不可调和的矛盾引起的深重危机摇撼了传统文化的权威性，对传统文化的怀疑与批判精神与日俱增。上述学校的教学体制不能推行，教化随世事而变迁，风俗也颓废败坏。

在这样的时代，孔子就独自开设私人学校，仿效先王之法，招收弟子习读《诗》《书》和历史文献，把先王之道传授给弟子们。孔子有3000多个学生，其中有一个叫曾参的弟子，深明其中真义，他把孔子的讲解写成书，名为《大学》，作为传讲的精义，并在此基础上加以发挥和说明，传播于世。

■ 曾子画像

**周礼** 指《周礼》《仪礼》和《礼记》三礼。它们是我国古代礼乐文化的理论形态，对礼法、礼仪作了最权威的记载和解释，对历代礼制的影响最为深远。三礼中的《周礼》又称《周官》，讲官制和政治制度，是我国古代关于政治经济制度的一部著作，是儒家主要经典之一。

**曾参**（公元前505年~公元前434年），字子舆，16岁拜孔子为师，颇得孔子真传。积极推行儒家主张，传播儒家思想。他的修齐治平的政治观，省身、慎独的修养观，以孝为本的孝道观影响我国两千多年，至今仍具有极其宝贵的社会意义和实用价值。

《大学》着重阐述了个人道德修养与社会治乱的关系，明确肯定道德在社会生活中的作用。事实上，这正是孔子思想体系的组成部分。

孔子认为，先王之道的宗旨在于弘扬人们光明正大的品德，使人达到最完善的境界。人们只有知道自己应该达到的境界，才能够志向坚定地走下去；志向坚定了便能够清静安心、思虑周详地去实现自己的目标。任何事物都有根本有枝末，有开始有终结，明白了这本末始终的道理，就接近事物发展的规律了。

曾参是春秋末期鲁国人，他的祖先是"五帝"之首黄帝。西周建立的时候，曾参的先祖曲烈被封于

■ 曾参挑灯著书

曾，公元前557年莒灭曾。曾国太子巫逃到鲁国，曾参是太子巫的第五代孙。曾参的父亲曾点也是孔子的学生，被列为"孔门七十二贤"之一。他对曾参的教育，从一开始就非常严格。

曾参小的时候，有一次，曾点叫曾参去瓜地锄草，曾参不小心将一棵瓜苗锄掉。曾点认为曾参用心不专，便用棍子责打曾参。由于出手太重，将曾参打昏了。

曾参苏醒后，立即退到一边"鼓琴而歌"，以此告诉父亲，作为儿子的他并没有因为被父亲打晕而忿忿不平。

曾参16岁时拜孔子为师，他勤奋好学，颇得孔子真传。当孔子知道他被父亲打的这件事后，颇为感慨，认为小惩罚可以接受，大惩罚则可以避一避。否则的话，如果被盛怒的父亲打死的话，就会令父亲

■ 曾子耘瓜断瓜根图

受不义之恶名，从而造成终身遗憾。曾参听到后认为，如果真的那样，自己的罪过就大了！可见曾参对父亲的感情之深。

孔子去世后，曾参为了积极推行儒家主张，传播儒家思想，他便开始聚徒讲学。当时曾参的门下有不少弟子，因而他被尊称为曾子。

孔子的孙子孔伋，字子思，在孔子过世后便也师从曾子，子思学成之后又传授给孟子。因之，曾子上承孔子之道，下启思孟学派，对孔子的儒学学派思想既有继承，又有发展和建树。曾子以他的建树，成为与孔子、颜子、子思、孟子比肩共称为儒家五大圣人。曾子还提出"慎终，追远，民德归厚"的主张，又提出"吾日三省吾身"的修养方法。

曾子由于性情沉静，举止稳重，为人谨慎，待人谦恭，以孝著称，齐国打算聘请他为卿。曾子因为要在家孝敬父母，就推辞了。

曾子作为孔子学说的主要继承人和传播者，自从著成《大学》，他和他的《大学》在儒家文化中具有承上启下的重要地位，被后世儒家尊为"宗圣"。

《大学》是我国古代儒家经典《礼记》中的一篇。为"初学入德之门也"。着重阐述了个人道德修养与社会治乱的关系，以"明明德""亲民""止于至善"为修养的目标。北宋教育家程颢、程颐特别

**朱熹**（1130年~1200年），小名沈郎，小字季延，字元晦，一字仲晦，号晦庵，晚称晦翁，又称紫阳先生、考亭先生等。南宋著名的理学家、思想家、哲学家、教育家。是孔子、孟子以来最杰出的弘扬儒学的大师。其著作甚多，辑定《大学》《中庸》《论语》《孟子》为四书作为教本。

重视《大学》，曾分别将它从《礼记》中抽出来加以改编，使之独立成篇。

南宋著名的思想家朱熹在"二程"改编的基础上继续加工、编排，分为"经""传"，作成章句，通过注释阐发己意，并将它和《论语》《孟子》《中庸》合编为"四书"，在封建社会的后期影响极大。

《大学》的版本主要有两个体系，一是经朱熹编排整理，划分为经、传的《大学章句》本；一是按原有次序排列的古本，即《礼记》中的《大学》原文。以朱熹《大学章句》本，流传最广、影响最大。

朱熹的《大学章句》随其《四书章句集注》一道，在封建社会后期一直被作为学校教育及科举取士的基本教材，由此，《大学》的思想内容也就通过朝野士大夫的思行言教而辐射到整个社会心理之中。

《大学》文辞简约，内涵深刻，影响深远。两千年来无数仁人志士由此登堂入室以窥儒家之门。该文从实用主义角度，对人们如何做人，做事，立业等等均有深刻启迪意义。

## 阅读链接

孔子常常和他的弟子们讲如何修身的道理和方法。一天，弟子们向孔子请教："老师，为什么说自己做不到的事，就不能要求别人去做呢？"

孔子说："尧舜用仁爱统治天下，老百姓就跟随着仁爱；桀纣用凶暴统治天下，老百姓就跟随着凶暴。统治者的命令与自己的实际做法相反，老百姓是不会服从的。所以，品德高尚的，总是自己先做到。然后才要求别人做到；自己先不这样做，然后才要求别人不这样做。不采取这种推己及人的恕道而想让别人按自己的意思去做，那是不可能的。"众弟子们恍然大悟，这才明白了"己所不欲勿施于人"的道理。

# 人性修养著作的《中庸》

那还是在远古时代,人们逐渐从对"天"的观察活动中总结出了宇宙的普遍规律,并将其称之为"道",使其一代代地传下来。

人文始祖尧帝传位给舜的时候所说的话有"允执厥中",舜帝传位给禹的时候所说的话也有"人心惟危,道心惟微,惟精惟一,允执

■古籍书影

厥中"。允就是允诺，就是你答应，就是尧告诉舜你要答应执掌，"坚定执掌以民生为中心"。这个"中"呢？就是"中道"。

尧说的那一句话，就已经讲清楚了什么是"道"的至极之理，也已经完全包容了至极之理的内容。而舜后来在这一句话上又加上另外3句，是为了更好地说明尧所说的那句话的前因后果，因为只有明白了前因后果，才有可能对"道"的理解达到既精且微的"庶几"的地步。

所以，自从人类得到"道"以来，一代代圣人相互传承，这样的传统称之为"道统"，即是关于"道"的传统。像"至圣先师"孔子，虽然本人没有朝廷的官爵禄位，然而，由于其继承整理了以往圣人关于"道"的学问，为后来的人在学习"道"的学问上开辟了道路，其在"道"的功德方面甚至还远胜于尧舜这样的君王。

有一天，孔子和弟子们聚在一起讨论学问。弟子子贡问孔子："老师，子张和子夏哪一个贤一些？"

孔子说："子张过分，子夏不够。"

子贡又问："那么，'过分'是不是比'不够'贤一些呢？"

孔子（公元前551—公元前479）我国古代著名思想家、教育家，儒家学派创始人

■ 孔子塑像

**尧** 上古"五帝"之一，姓伊祁，名放勋，史称"唐尧"。他是我国原始社会末期的部落联盟长。当他得到帝位后，便在唐县伏城一带建立了第一个都城，后来迁都平阳。他当政时期天下安宁，世风祥和，因此，人们将帝尧的时代视为农耕文化出现飞跃进步的时代。

■ 孔子讲学画像

孔子说:"'过分'与'不够'貌似不同,其实质却都是一样的,都不符合中庸的要求。中庸的要求是恰到好处,君子中庸,小人违背中庸。"

子贡又问道:"那么,老师,怎么样才能够完全做到中庸呢?"

孔子长叹了一口气说:"天下国家可以治理,官爵俸禄可以放弃,雪白的刀刃可以践踏而过,中庸却不容易做到啊。"

子贡又问:"为什么中庸不容易做到呢?"

孔子说:"中庸之道不能实行的原因是,聪明的人自以为是,认识过了头;愚蠢的人智力不及,不能理解它。中庸之道不能弘扬的原因是:贤能的人做得太过分;不贤的人根本做不到。无论是智还是愚,无论是贤还是不肖,都是因为缺乏对'道'的自觉性。就像人们每天都要吃喝,但却很少有人能够真正品尝滋味。"

**中庸** 儒家的道德标准,待人接物不偏不倚,调和折中。它的理论基础就是天人合一。这就是圣人所要达到的最高境界,这才是真正意义上的天人合一。天人合一就是我国古代人们自觉修养所达到的像美好善良的天一样造福于人类和自然的理想境界。

"人人都说自己聪明,可是被驱赶到罗网陷阱中去却不知躲避。人人都说自己聪明,可是选择了中庸之道却连一个月时间也不能坚持。"

子贡又问:"那么,老师,什么样的人才能够做到中庸呢?"

孔子说:"像舜那样具有大智慧的人!舜喜欢向人问问题,又善于分析别人浅近话语里的含义。避开人家的坏处,宣扬人家的好处。过与不及两端的意见他都掌握,采纳适中的用于老百姓。这就是舜之所以为舜的地方吧!"

孔子对中庸之道持高扬和捍卫态度,是因为一般人对中庸的理解往往过于肤浅,看得比较容易。正是针对这种情况,孔子才把它推到了比赴汤蹈火,治国平天下还难的境地,目的是为了引起人们对中庸之道的高度重视。

孔子曾经说:"中庸作为一种道德,是至高无上的。"针对当时"礼崩乐坏"的社会现实,他也曾感

**舜** 我国传说历史中的人物,是上古三皇五帝中的五帝之一,名重华。舜为四个部落联盟首领,以受尧的"禅让"而称帝于天下,他的国号为"有虞"。帝舜、大舜、虞帝舜、舜帝皆虞舜之帝王号。他爱护人民、造福于民,倡导天人协和、万物共荣的社会公德,是上古一位有为的君主。

古籍《中庸》书影

《中庸》章句序

叹,"老百姓缺乏这种道德已经很久了。"

天下人共有的伦常关系有五项,也就是君臣、父子、夫妇、兄弟、朋友。为了保持彼此之间统一和谐的关系,孔子认为彼此的行动都要有一个"度",超过或不足都会破坏这种统一和谐的关系。

在诸侯国之间的关系上,孔子针对当时王室衰弱、诸侯争霸的现实,他要求大国在"尊王攘夷"的旗号下以盟会的方式维持列国之间的平衡。他之所以对齐桓公和管仲由衷地赞扬,就是因为他们在实现齐国霸业的同时维护了周王室的地位和列国的稳定。

有一天,鲁国君主鲁哀公向孔子询问:"怎么样才能把国家治理好呢?"

孔子说:"周文王、周武王的政事都记载在典籍上。他们在世,这些政事就实施;他们去世,这些政事也就废弛了。治理人的途径是勤于政事;治理地的途径是多种树木。说起来,政事就像芦苇一样,完全取决于用什么人。要得到适用的人在于修养自己,修养自己在于遵循大道,遵循大道要从仁义做起。仁就是爱人,亲爱亲族是最大的仁。义就是事事做得适宜,尊重贤人是最大的义。至于说亲爱亲族要分亲疏,尊重贤人要有等级,这都是礼的要求。所以,君子不能不修养自己。要修养自己,不能不侍奉亲族;要侍奉亲族,不能不了解他人;要了解他人,不能不知道天理。"

在个人道德修养上,孔子要求人们,特别是君子应把两种看起来互相矛盾的品格恰到好处地结合在一起,使之处于一种完善的标准状态。一日,弟子子贡向孔子问道:"老师,贫穷而不去巴结人,富有而不骄傲自大,这种人怎么样呢?"

孔子说:"当然可以,但还不如贫穷而仍然快乐,富有而尚好礼节的人。"又说:"典籍上说,君子矜持而不争执,就会疑惑不决。"

子贡又问:"老师,奢侈跟节俭相比,哪个更不好呢?"

孔子说:"奢侈就会不恭顺,节俭就会寒碜。与其不恭顺,宁可寒碜。"

孔子在个人道德修养方面要求对每一种品格都能把握一个恰到好处的"度",这就是一个君子的形象。

在处理人伦关系上,孔子把中庸与礼联系起来,实际上既讲等级尊卑,要求每个人充分意识到自己在社会上的地位,不僭越、不凌下,同时又调和、节制对立双方的矛盾,使不同等级的人互敬互让,和睦相处,使整个社会和谐地运行。

孔子中庸学说的真谛在于,礼的应用,以和为贵,是一种治国的艺术、处世的艺术和自我修养的艺术。其主要原则有3条:一是慎独自修,二是忠恕宽容,三是至诚尽性。其目的不外乎要求人们正视自己的等级

■孔子圣迹之《天降赤虹图》

孔子之孙子思画像

名分,一切都在礼的框架内活动,以求得上下关系的和谐与社会的安宁。

孔子之后,对于"道"能由"见"而能达到"知"境界的,只有弟子颜回和曾参,这两人可说是真正体悟到了"道"的本质,得到了孔子的真传。其后由曾参再往下传,又回传到孔子的孙子子思那里。子思生活的时代,正是我国动荡不安的战国时期。当时的各个大诸侯国都是欲争当"霸主"以主宰天下。对内力图改革,以富国强兵,对外则进行兼并以扩大疆土。

这时的学界已经与孔子的圣学相去已远,各种异端邪学已经繁衍起来。子思恐怕时日愈久远则道统的真正学问也会流失得愈多,所以按照尧舜相传的关于"道"的本来之深意,加之平日从父辈和老师之处所得到的见闻,相互参照演绎,写成《中庸》一书,以将道统的精髓诏告于后世的学者。

关于《中庸》一书的作者有不同的说法,传统观点认为《中庸》出于子思之手。司马迁在《史记·孔子世家》中明确指出:"子思作《中庸》。"以后,汉唐注家也多遵从此说。《中庸》全篇以"中庸"作为最高的道德和自然法则,讲述天道和人道的关系,把"中庸"从"执两用中"的方法论提升到了世界观的高度。

在子思看来,喜怒哀乐的情感还没有发泄出来的时候,心是平静的，无所偏倚，这就叫作"中"；如果情感发泄了出来能合乎节度，没有过与不及，这就叫作"和"。

"中"是天下万事万物的根本，"和"是天下共行的大道。人如果能把"中""和"的道理推而广之，那么天地之间一切都会各安其所，万物也都各遂其生了。

子思的《中庸》欲极微妙之致，为孔子的伦理学说提供了哲学依据。同时，也为儒学伦理思想提供了哲学依据，使之更加完备、系统和富有哲理性。子思就天道与人性两个根本问题展开论证，天道观念由来已久，夏殷两代，天命神权占统治地位。殷商之后，对这一传统观念有所修正，提出"以德配天"思想，把伦理道德观念和传统天命思想紧密结合起来，为人们探索道德问题提出了一条新路。

孔子大讲道德，却回避了人性与天道，子思从人性和天道的角度深化孔子的伦理思想，为中庸奠定了完善的哲学基础。在子思看来，"中和"即为诚，诚与中和在本质上是一致的。诚是一种精神状态，是天之道。他提出诚的概念，旨在论证天人合一。天道和人道由诚达到沟通。子思的天人合一的思想，后来经过孟子的进一步发挥，称为儒学关于天人关系的基本观点。

在子思身上表现出儒家从道不从君的主张。有一次，鲁国的国君鲁穆公问子思："什么样的人才可以称之为忠臣呢？"

子思不假思索地说："只有那些一直指出国君恶行的人，才可以称之为忠臣。"鲁穆公没有想到子思敢这样回答，惊愕万分，一时无语，但是心中的不悦之情却表现在脸上。

"诚"是子思思想体系的最高范畴，也是道德准则，同时还是思孟学派思想的主要内容。子思提出的"诚"，在思想史上具有重要的意义。它将孔子伦理思想扩大化，从而成为更广泛、更唯心主义化，以至趋向宗教性的思想。这是思孟学派对儒家思想的重大发展，从而为儒家

**五行说** 我国古代人民创造的一种哲学思想，它以日常生活的五种物质：金、木、水、火、土元素，作为构成宇宙万物及各种自然现象变化的基础。如木有生长发育之性；火有炎热、向上之性；土有和平、存实之性。五行说把自然界一切事物都纳入这五种元素的范畴。

思想奠定了哲学的基础。

子思的"诚"与五行说有密切的关系。《中庸》里的"诚"就是"信"，它包含了五行的内容。子思的著作中虽然没有"金、木、水、火、土"五行字样，但其中五行说的内容确是存在的。

《中庸》是我国古代讨论教育理论的重要论著。后来北宋经学家程颢、程颐极力尊崇《中庸》。南宋著名思想家朱熹又作《中庸集注》，并把《中庸》和《大学》《论语》《孟子》并列称为"四书"。

宋、元以后，《中庸》成为学校官定的教科书和科举考试的必读书，对我国古代教育产生了极大的影响。《中庸》作为我国古典哲学，曾广泛而深刻地影响了我国历史的发展，也为世界文化宝库贡献了辉煌的篇章。

## 阅读链接

一天，孔子的弟子子路问孔子："老师，什么是强？"孔子说："你所问的是南方人的'强'呢？还是北方人的'强'？还是你所谓的'强'呢？用宽宏柔和的道理教化人，能忍受无理的欺侮而不报复，这是南方人的强，君子安然处之。至于披铠甲，卧枕刀枪，死也不后悔，这是北方人之强。好勇斗狠的人安于此道。因此君子与人和平相处，而不随流俗移转，这是真正的强啊！"

子路性情鲁莽，勇武好斗，所以孔子教导他：有体力的强，有精神力量的强，但真正的强不是体力的强，而是精神力量的强。精神力量的强体现为和而不流，柔中有刚；体现为中庸之道；体现为坚持自己的信念不动摇，宁死不改变志向和操守。

## 最古文献 儒家五经

在五千年的历史长河中,我国的先贤们创造了灿烂的文化。对此,儒家经典翔实地记载了我国思想文化发展史上最活跃时期的政治、军事、外交、文化等各方面的史实及影响后世的哲学思想。

儒家经典内容涉及到我国古代社会政治制度、军事斗争、文学艺术等多方面。千百年来,它既是读书人从事学术活动的基础文本,也是上至帝王将相,下至黎民百姓治国、修身、立德的根本依据。无论是在我国思想史还是世界思想史上,均产生了极其深远的影响。

# 最早的诗歌总集《诗经》

商王朝的时候，由于牲畜业及冶炼工业技术的发展，奴隶主的生活水平得到快速提高。而奴隶主为了祭祀和享乐，音乐歌舞也极为发达。西周政权建立后，由于经济制度的巨大变革，促使社会在精神文明方面产生飞跃性进步。西周文化通过长期积累和在损益前代的基础上，得到了空前提高。这时，有人开始用诗歌来记录生活，抒发情感，歌颂爱情和赞美劳动。

每年初春，聚居在一起的百姓都要分散到田野去从事生产劳动。一天，一个年轻的男子在河边割荇菜的时候，遇到一位美丽的姑娘，于是这位男子对美丽姑娘萌发了强烈的爱慕之情。

但很快，美丽姑娘就从

篆书《诗经·小戎三章屏》

《诗经》石刻

男子视线里消失了,男子遂对美丽姑娘思念不已,以至于回去后辗转反侧,梦寐以求,幻想有一天能与美丽姑娘成婚。

后来,男子便将自然景象与自己内心对美丽姑娘的美好情感融会起来,景中含情,情中蕴景地以诗歌的形式唱了出来:

关关雎鸠,在河之洲。窈窕淑女,君子好逑。
参差荇菜,左右流之。窈窕淑女,寤寐求之。
求之不得,寤寐思服。悠哉悠哉,辗转反侧。
参差荇菜,左右采之。窈窕淑女,琴瑟友之。
参差荇菜,左右芼之。窈窕淑女,钟鼓乐之。

这首诗非常优美,如果翻译成韵文,大致的意思就是:雎鸠关关在歌唱,在那河中小岛上。善良美丽的少女,小伙子理想的对象。长长短短鲜荇菜,顺流两边去采收。善良美丽的少女,朝朝暮暮想追求。追求没能如心愿,日夜心头在挂牵。长夜漫漫不到头,翻来覆去

■ 古书诗经

难成眠。长长短短鲜荇菜,两手左右去采摘。善良美丽的少女,弹琴鼓瑟表宠爱。长长短短鲜荇菜,两边仔细来挑选,善良美丽的少女,钟声换来她笑颜。

当时,辅佐周成王治国的周公为了考察各地民俗风情,了解实施政策的得失,就派出专门的采诗官摇着木制的大铃巡视在路上,向百姓采集民歌。然后,将采集到的民歌交给史官,由史官汇集整理成册后献给周天子看,作为国家修正政策的参考。

后来,这些诗歌收集的越来越多,竟达3000多首。于是,周公就让人把这些诗歌编辑成一本书,并取名《诗经》,并让周天子和周朝贵族子弟们都来读这部作品。因此,《诗经》也成为当时教育普遍使用的文化教材,能背诵《诗经》也成为贵族人士必备的文化素养。《诗经》中的乐歌,有的还成为各种典礼、礼仪的演奏曲目,有的则在聚会时歌唱。

《诗经》被作为周朝礼乐文化的重要组成部分,广泛流行于诸侯各国,运用于祭祀、朝聘、宴饮等各种场合。《诗经》在当时的政治、外交活动中,发挥了重要作用。到了春秋以后,周王朝逐渐衰微。这时,第一个以私人讲学身份出现的大教育家孔子,从流传的3000多篇诗中,加以整理修订,把那些重复的、于礼义标准不符合的都删掉,而精选了305篇诗

**周成王**(?~前1021年),姓姬,名诵,周武王之子,是我国西周第二代天子,谥号成王。周成王亲政后,营造新都洛邑、大封诸侯,还命周公东征、编写礼乐,加强了西周王朝的统治。周成王与其子周康王统治期间,社会安定、百姓和睦,"刑错四十余年不用",被誉为"成康之治"。

歌,重新编成了《诗经》,作为对学生进行政治伦理教育、美育的教材。

在《诗经》中,孔子对诗歌作品的编排和分类,主要是按照音乐的特点来划分。其中,《诗经》又分为《风》《雅》《颂》3部分。《风》《雅》《颂》是《诗经》的体裁,也是作品分类的主要依据。

其中,《风》包括《周南》《召南》《邶风》《鄘风》《卫风》《王风》《郑风》《齐风》《魏风》《唐风》《秦风》《陈风》《桧风》《曹风》《豳风》,共15国的《国风》,诗160篇;《雅》包括《大雅》31篇,《小雅》74篇,大多为贵族用来祈祷丰年、歌颂祖德的诗歌;《颂》包括西周的祭歌《周颂》31篇,殷商后人保存下来的祭祀先祖的祭歌《商颂》5篇,春秋时代鲁国的祭歌《鲁颂》4篇,共40篇。

"风"的意思是土风、风谣。为此,《风》是相

> **礼乐** 是我国古代文明的重要组成部分。中华"礼乐文化"奠定了我国成为"礼仪之邦",也叫"礼乐之邦"。"礼乐文化"在中华文明史上,创造了人类的辉煌。礼乐文明在数千年的中华文明发展史上产生了重大而深远的影响,至今仍有其强大的生命力。

■《诗经》石刻

对于周王朝"王畿"直接统治地区而言的、带有地方色彩的音乐,15国《国风》就是15个地方的土风歌谣。其地域,除《周南》《召南》产生于江、汉、汝水一带外,均产生于从陕西到山东的黄河流域。

《国风》是《诗经》中的精华,是我国古代文艺宝库中璀璨的明珠。《国风》中的周代民歌以绚丽多彩的画面,反映了劳动人民真实的生活。

在《国风·豳风》中,《七月》是《国风》中最长的一首诗,它向我们展示了一幅古代奴隶社会阶级压迫的图画,男女奴隶们一年到头无休止的劳动,结果都被贵族们剥夺得一干二净。

这诗叙述农人全年的劳动。绝大部分的劳动是为公家的,小部分是为自己的。

全诗共分为八章。第一章从岁寒写到春耕开始。第二章写妇女蚕桑。第三章写布帛衣料的制作。第四章写猎取野兽。第五章写一年将尽,为自己收拾屋子过冬。第六章写采藏果蔬和造酒,这都是为公家

《诗经·大雅》书影

的。为自己采藏的食物是瓜瓠麻子苦菜之类。第七章写收成完毕后为公家做修屋或室内工作，然后修理自家的茅屋。末章写凿冰的劳动和一年一次的年终燕饮。

如《七月》的第一章写道：

> 七月流火，九月授衣。
> 一之日觱发，二之日栗烈。
> 无衣无褐，何以卒岁？
> 三之日于耜，四之日举趾。
> 同我妇子，馌彼南亩，田畯至喜。

豳地在我国后来的陕西旬邑、彬县一带，公刘时代的周之先民还是一个农业部落。《七月》反映了这个部落一年四季的劳动生活，涉及到衣食住行各个方面，它的作者应该是部落中的成员，所以口吻酷肖，角度极准，从各个侧面展示了当时社会的风俗画面。

《诗经》中的《雅》是"王畿"之乐，这个地区周人称之为"夏"，"雅"和"夏"古代通用。雅又有"正"的意思，当时把"王畿之乐"看作是正声典范的音乐。

《大雅》是西周的作品，大部分作于西周初期，小部分作于西周末期，《小雅》除少数篇目可能是东周作品外，其余都是西周晚期的作品。《大雅》的作者，主要是上层贵族；《小雅》的作者，既有上层贵族，也有下层贵族和地位低微者。

《诗经》中的《雅》大体以10首歌为一组，叫作《什》。《诗经·大雅》分《文王之什》《生民之什》《荡之什》共3节，这些作品，最初主要用于典礼、讽谏和娱乐，是周代礼乐文化的重要组成部分，是实行教化的重要工具。

> **牧野大战** 又称"武王伐纣",是周武王联军与商朝军队在牧野,也就是我国的河南省淇县南、卫河以北,新乡市附近进行的决战。由于商纣王先征西北的黎,后平东南夷,虽取得胜利,但穷兵黩武,加剧了社会和阶级矛盾,最后兵败自焚,商朝灭亡。

《大雅》编辑成书后,广泛流行于诸侯各国,运用于祭祀、朝聘、宴饮等各种场合,在当时的政治、外交活动中,发挥了重要作用。

《诗经·大雅》中的周族史诗真实地再现了周民族的发生发展史。如《生民》《公刘》《绵》《皇矣》《大明》等五篇作品,赞颂了后稷、公刘、太王、王季、文王、武王的业绩,反映了西周开国的历史。《生民》写始祖后稷的神异诞生和他对农业的贡献。《公刘》写公刘率领周人由邰即陕西武功迁徙到豳,开始定居生活,在周部族发展史上有重大意义。

《绵》写古公亶父率周部族再次由豳迁至岐即陕西岐山县之周原,划定土地疆界,设置官司、宗庙,建立城郭,创业立国,并叙及文王的事迹。

《皇矣》先写太王、王季的德业,然后写文王伐崇伐密胜利的经过。《大明》先叙王季娶太任生文王,文王娶大姒生武王,然后写武王在牧野大战。

从《生民》到《大明》,周人由产生到逐步强大,最后灭商,建立统一王朝的历史过程,得到了完

■ 古书籍《诗经》

整的表现。

《诗经·小雅》分《鹿鸣之什》《南有嘉鱼之什》《鸿雁之什》《节南山之什》《谷风之什》《甫田之什》《鱼藻之什》共 7 节,当中的一部分诗歌与《国风》类似,还有一些作品是用于一般宴会的典礼,其中也有一部分民歌,如《小雅·鹿鸣之什·鹿鸣》。

《诗经》中的《颂》是王侯祭祀宗庙时演奏的乐歌和舞歌。《毛诗序》说:"颂者美盛德之形容,以其成功告于神明者也。"这是《颂》的含义和用途。

王国维说:"颂之声较风、雅为缓。"这便是《颂》的音乐特点。当时,祭神祭祖都是王朝的大典,《颂》就是用于这种场合的一种舞乐。

《周颂》是周王室的宗庙祭祀诗,产生于西周初期。除了歌颂祖先功德而外,还有于春夏之际向神祈求丰年或秋冬之际酬谢神的乐歌,反映了汉族以农业立国的社会特征和西周初期农业生产的情况。

在《诗经》中,除以上"风、雅、颂"305首诗歌之外,《小雅》里还有6个有目无词的诗题。它们是:《南陔》《白华》《华黍》《由庚》《崇丘》《由仪》。

这是六支用乐器演奏的曲牌名,叫作"笙诗"。有的书记载《诗经》有311首诗,那是连这六个曲牌也算在内了。

《诗经》形式多样,其中史诗、讽刺诗、叙事诗、恋歌、战歌、颂歌、节令歌以及劳动歌谣样样都有。描述的内容十分广泛丰富,它就像古代社会的一部历史画卷,形象生动展现了当时的社会现实生活,真实地反映了当时政治状况、社会生活、风俗民情。

在秦末汉初时,先秦古籍散失很多,但《诗经》由于口耳相传、易于记诵的特点,因此得以比较完整地保存下来。

《诗经》在汉代流传很广,尤其是鲁国人毛亨和赵国人毛苌的古文《毛诗》，在民间广泛传授，这就是后来看到的《诗经》。

《诗经》在西汉时被尊为儒家经典，西汉文学家韩婴发展了诗经，形成了韩诗学，从此，对后来的整个古代文学的发展产生了深远的影响。

《诗经》中的"赋、比、兴"的表现手法，在我国古代诗歌创作中也一直被继承和发展着，成为我国古代诗歌的一个重要特点。

因此，在我国古代文学史上，《诗经》作为古代诗歌的开端，它所表现出的深刻的社会内容和优美的艺术形式，对后世的诗歌，以至整个古代文学的发展都有着极为巨大的影响。

从汉朝起，儒家学者把《诗》当作经典，尊称为《诗经》，列入"五经"之中，它原来的文学性质就变成了同政治、道德等密切相连的教化人的教科书，也称"诗教"。

作为我国文学的主要源头之一，《诗经》一直受到历代读书人的尊崇。"至圣先师"孔子对《诗经》有很高的评价。孔子甚至说"不学诗，无以言"，显示出《诗经》对我国古代文学的深刻影响。

## 阅读链接

在诗经中也有很多有趣的故事。在周朝时候，各诸侯国每年都要向周天子进献贡品。楚国的国君派使者吉甫带来了楚国特产白茅。吉甫是个非常有才华的人，他一边朝拜天子，一边虔诚吟诵歌颂周王室、周天子兴旺发达的诗："天作高山，大王荒之。彼作矣，文王康之。彼徂矣，岐有夷之行。子孙保之。"

周天子听后十分高兴，就授这位楚国来的使者吉甫"尹"的官职。让他每年初春时分，当老百姓们到田野干活的时候，在路上摇着木制的大铃，向老百姓采集民歌，采到后就让朝廷乐师配上乐曲，唱给自己听。

# 最早的历史文献《尚书》

自从有文字以来，为了把君王的言行和当时所发生的事件一一记录下来，政府便设立了专门的史官跟随在帝王左右。左边的史官称为左史，负责记录帝王的言语；右边的称为右史，负责记录帝王的行动。

人文始祖尧在位的时候，明察善断、远见卓识，治理天下非常有计谋。尧命令大臣羲仲和和氏，严肃谨慎地遵循天数，推算日月星辰运行的规律，制定出历法，把天时节令告诉人们。

在尧的安排下，大臣羲仲居住在东方的汤谷，每天迎接日出，以辨别测定每天太阳东升的时刻。等到昼夜长短相

尧帝塑像

大禹治水壁画

等的那一天,南方朱雀七宿黄昏时出现在天的正南方的时候,羲仲把这一天定为春分。这时,人们分散在田野进行劳作耕种,鸟兽也在这个时节开始生育繁殖。

在尧的安排下,大臣羲叔居住在南方的交趾,每天迎接太阳向南运行,以辨别测定每天太阳往南运行的情况,到白昼时间最长,东方苍龙七宿中的火星黄昏时出现在南方的时候,羲叔把这一天定为夏至。这时,人们开始搬到高处住,这时节鸟兽的羽毛开始变得稀疏。

在尧的安排下,大臣和仲居住在西方的昧谷,每天送别落日,以辨别测定太阳西落的时刻。等到昼夜长短相等,北方玄武七宿中的虚星黄昏时出现在天的南方的时候,和仲把这一天定为秋分。这时候,人们又从高处搬回到平地上居住,这时节鸟兽又开始重新换生新毛。

在尧的安排下,大臣和叔居住在北方的幽都,每天辨别观察太阳往北运行情况。当白昼时间最短,西方白虎七宿中的昴星黄昏时出现在正南方的时候,和叔把这一天定为冬至。这时,人们开始居住在室内,鸟兽开始长出柔软的细毛。

当时，中原大地发生了严重的水灾，洪水把山陵都吞没了，四处泛滥，尧让鲧治水，疏导九河。可是，鲧一连治了九年水，却没治出什么绩效。

之后，大臣们又推荐由禹继任治水之事，尧愉快地答应了。禹经过十三年的治理，终于治水成功，消除中原洪水泛滥的灾祸。

尧年老后，打算把帝位禅让给一个可靠的年轻人。于是，众大臣一致向帝尧推荐了虞舜。尧的四个大臣说："虞舜是盲人'瞽瞍'的儿子，他爱护兄弟孝敬父母，通过智慧和忍让把家治理得井井有条。"

尧说："如果是这样的话，那就让舜作为我的接班人吧。不过，我要先考验他一下。"

相传，舜的父亲瞽瞍及继母、异母弟象，多次想害死他：他们让舜修补谷仓仓顶时，从谷仓下纵火，舜手持两个斗笠跳下逃脱；让舜掘井时，瞽瞍与象却

> **羲叔** 我国远古传说时代主南方之官，尧命他居于南交，确定夏至的时间，并据当地的情况，劝导百姓从事农耕。据《尚书·尧典》记载，有南方天文官羲叔，住在南方的交趾，负责观测确定夏至日。"羲叔"代表夏季，春夏正是庄稼的播种、生长季节。

■ 尧帝考察孝子舜

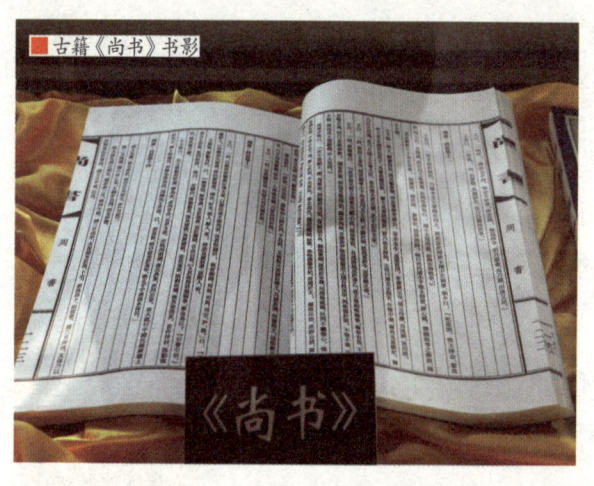

古籍《尚书》书影

下土填井,舜掘地道逃脱。事后,舜毫不嫉恨,仍对父亲恭顺,对弟弟慈爱。他的孝行感动了天帝。舜在历山耕种,大象替他耕地,鸟代他锄草。大臣们把舜的事迹告诉给尧后,尧把两个女儿娥皇女英一起嫁给舜为妻,以考察舜的品行和能力。

尧很快发现,舜不但使二女与全家和睦相处,而且在各方面都表现出卓越的才干和高尚的人格力量,只要是舜劳作的地方,便兴起礼让的风尚。

尧经过考察后,认为舜确是个品德好又能干的人,于是就把首领的位子让给了舜。后来,史官根据唐尧的功德、言行等情况写作了《尚书》中的《尧典》。

《尚书》是我国现存最早的记言体史书,是关于上古时代的政事史料汇编。《尚书》按朝代分为《虞书》《夏书》《商书》和《周书》,按文体分为诰、训、谟、誓、命、典六种。主要记载了上古帝王有关政事和治国的言论,也保存了古代经济、地理及社会性质等方面的珍贵史料。

《尚书》所录为虞、夏、商、周各代典、谟、训、诰、誓、命等文献。其中虞、夏及商代部分文献是据传闻而写成,不尽可靠。"典"是重要史实或专题史实的记载;"谟"是记君臣谋略的;"训"是臣开导君主的话;"诰"是勉励的文告;"誓"是君主训诫士众的誓词;"命"是君主的命令。

另外,《尚书》中还有以人名标题的,如《盘庚》《微子》;有以事为标题的，如《高宗肜日》《西伯戡黎》；有以内容为标题的，如《洪范》《无逸》。这些都属于记言散文。也有叙事较多的，如《顾命》《尧典》。其中的《禹贡》，托言夏禹治水的记录，实为古地理志，与全书体例不一，当为后人的著述。

自汉以来，《尚书》一直被视为我国封建社会的政治哲学经典，既是帝王的教科书，又是贵族子弟及士大夫必修的"大经大法"，在历史上很有影响。

《尚书》包括《今文尚书》和《古文尚书》两部分。《今文尚书》共28篇，《古文尚书》共25篇。现存28篇《今文尚书》传说是秦、汉之际的博士伏生传下来的，用当时的文字写成，所以叫作《今文尚书》。其中，包括《虞夏书》4篇，《商书》5篇，《周书》19篇。

《尚书》作为我国最早的政事史料汇编，记载了虞、夏商、周的许多重要史实，真实地反映了这一历史时期的天文、地理、哲学思想、教育、刑法和典章制度等，是我们了解古代社会的珍贵史料。

除了有珍贵的上古文献价值，《尚书》也有非常深刻的思想。书中如周公诸篇，对我国政治思想影响巨大，堪称儒家思想的渊薮。

**阅读链接**

关于《尚书》的编写和传说，有人相传该书为孔子编定。孔子晚年集中精力整理古代典籍，他将上古时期的尧舜一直到春秋时期的秦穆公时期的各种重要文献资料汇集在一起，经过认真编选，挑选出100篇，这就是百篇《尚书》的由来。孔子编成《尚书》后，曾把它用作教育学生的教材。

在秦代，《尚书》曾经失佚，到了汉代的时候，汉政府重新重视儒学，于是由博士伏生口授、用汉代通行文字隶书把《尚书》的内容写下28篇，这便是今天流传的《尚书》。

# 最早的典章制度《礼记》

在远古氏族制时期的时候，按照当时的习惯，男女青年需要在连续几年内，受到一定程序的训练，使其具有必要的知识、技能和坚强的毅力，具备充当氏族正式成员的条件。

周公旦画像

如果训练被认为合格，这位青年成年后，便可参与成丁礼，成为氏族正式成员，得到成员应有的氏族权利，如参加氏族会议、选举和罢免酋长等。当然，也必须履行成员应尽的义务，如参加主要的劳动生产和保卫本部落的战斗等。

在当时，宗教意识不甚发达，祭祀等原始宗教仪式并未发展成为正式的宗教，而是很快转化为礼仪和制度形式来约束世道人心，告诉人们在何种场合下应该穿何种衣服、站或坐在哪个方向或位置等等。当时的学生，在开学的时候都要穿着礼服，用藻菜祭祀先圣先师，用以表示敬师重道。然后老师让学生学习《小雅》中的《鹿鸣》《四牡》《皇皇者华》3首诗，使学生从懂得做官的道理开始。

到了西周初期的时候，西周政府为了加强统治，周武王实行了"封诸侯，建同姓"的政策，把周王室贵族分封到各地，建立西周的属国。周武王去世后，他年幼儿子的周成王继位，武王的弟弟周公旦辅政。周公旦在"分邦建国"的基础上"制礼作乐"，从而系统地建立了一整套有关"礼""乐"的完善制度。其中最重要的是嫡长子继承制和贵贱等级制。

周公确立的嫡长子继承制，以血缘为纽带，规定周天子的王位由长子继承。同时把其他庶子分封为诸侯卿大夫。他们与天子的关系是地方与中央、小宗与大宗的关系。

周公旦还制定了一系列严格的君臣、父子、兄弟、亲疏、尊卑、贵贱的礼仪制度，以调整中央和地方、王侯与臣民的关系，加强中央政权的统治。

在当时，作为国君的随从，负有保护国君的责任，所以必须恪守的一个"忠"。鲁国和宋国在乘丘交战时，鲁国的将士县贲父为鲁庄公驾车，将士卜国在车右边护驾。拉车的马忽然受惊，将车翻倒，使鲁庄公从车上摔下来。这时，跟随鲁庄公车后面的副车上的人连忙递下绳子，把鲁庄公拉上了副车。

鲁庄公责怪卜国没护好驾："卜国啊，你没有勇力呀！"

县贲父明知道鲁庄公摔倒地上并不是卜国没护好驾，而是因为车翻倒了，但为了忠于君主，却说："以前没有翻过车，今天却车翻人坠，这是我们没有勇气！"于是县贲父和卜国两人遂自杀。

战争结束后，马夫在给鲁庄公驾车的马洗澡时发现有匹马的大腿

■ 周公旦制礼作乐群像画

**鲁庄公**（公元前706年~公元前662年），姬姓，鲁氏，名同，为春秋诸侯国鲁国君主之一，是鲁国第十六任君主。他为鲁桓公的儿子，承袭鲁桓公担任该国君主，公元前693年即位，在位32年。鲁庄公曾经在"长勺之战"中打败齐国，又通过"曹沫劫盟"收复失地。

内侧中了一只飞箭。大家这才明白之所以会翻车，是因为马受伤了，并不是县贲父没驾好马车。

这时，鲁庄公自责地说："原来翻车不是他们的罪过。"可惜这两位将士这时都已经自杀了。为将士作文悼念的风习，就是从这件事开始的。共有100多卷的《仪礼》便是这样一部详细的礼仪制度章程。

《礼记》是战国至秦汉年间儒家学者解释说明经书《仪礼》的文章选集，是一部儒家思想的资料汇编。《礼记》的作者不止一人，写作时间也有先有后，其中多数篇章可能是孔子的七十二弟子及其学生们的作品，还兼收先秦的其他典籍。

《礼记》的内容主要是记载和论述先秦的礼制、礼意，解释仪礼，记录儒家创始人孔子和弟子等的问答，记述修身做人的准则。实际上，这部9万字左右的著作内容广博，门类杂多，涉及到政治、法律、道德、哲学、历史、祭祀、文艺、日常生活、历法、地理等诸多方面，几乎包罗万象，集中体现了先秦儒家的政治、哲学和伦理思想，是研究先秦社会的重要资料。

《礼记》全书用散文写成，一些篇章具有相当的文学价值。有的用短小的生动故事阐明某一道理，有的气势磅礴、结构谨严，有的言简意赅、意味隽永，有的擅长心理描写和刻画，书中还收有大量富有哲理的格言、警句，精辟而深刻。

据传，编定《礼记》一书的是西汉礼学家戴德和他的侄子戴圣。戴德选编的85篇本叫《大戴礼记》，在后来的流传过程中若断若续，到唐代只剩下了39篇。戴圣选编的49篇本叫《小戴礼记》，即我们现在见到的《礼记》。这两种书各有侧重和取舍，各有特色。

东汉末年，著名学者郑玄为《小戴礼记》作了出色的注解，后来这个本子便盛行不衰，并由解说经文的著作逐渐成为经典，到唐代被列为"九经"之一，到宋代又被列入"十三经"之中，成为士人必读之书。此外，戴德与戴圣的《礼记》与《仪礼》《周礼》合称"三礼"，对我国文化产生过深远的影响。

## 阅读链接

在春秋时期，晋国大臣知悼子去世了，还没有下葬，掌管膳食的大臣杜蒉就让治丧的师旷和李调喝酒，自己也跟着喝。晋平公问其缘由，杜蒉说："师旷是掌乐的太师，不把这种礼节告诉国君，所以罚他喝酒。李调是国君的近臣。为了吃喝，竟忘了国君的忧患，所以也罚他喝一杯。我掌管膳食，没有尽到提供刀、匙的职责，却胆敢参与防止违礼的事，所以罚自己喝一杯。"

晋平公说："我也有过失，倒杯酒来罚我喝。"杜蒉洗过酒杯，倒上酒举起献上。晋平公对侍者说："如果我死了，一定不要废止举杯献酒的礼仪！"从此，凡是向国君和宾客献酒过后，就要举起酒杯，这叫作"杜举"。

# 最早的哲学著作《周易》

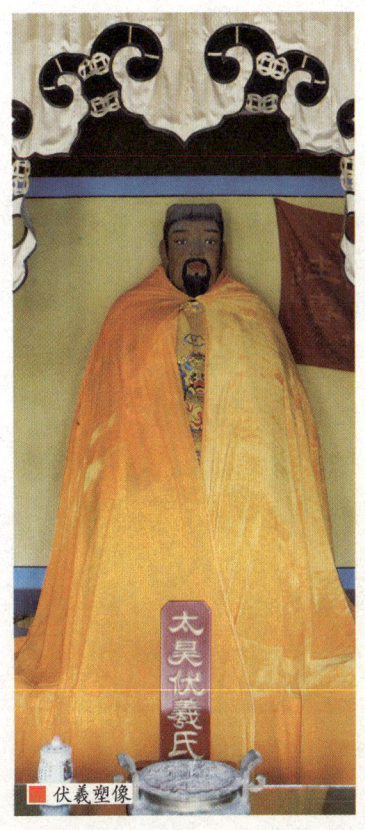
伏羲塑像

远古的时候，人们对天上为什么会下雨下雪、打雷打闪，地上为什么会刮大风、起大雾不清楚是怎么回事。

帝王伏羲通过长期对天地宇宙万物的观察和思考后发现，宇宙万物之间有一个规律。那时人类没有文字，为了表达这个规律，聪明的伏羲便用符号"—"表示。

"—"是太极，是道，是天地未分时物质性的浑沌元气。伏羲认为世间的一切都是由元气这个整体衍生出来的。元气动而生阳，阳就是阳爻，用"—"表示，阳为单数；元气静而生阴，阴就是阴爻，用"— —"表示，阴为双数。一阴一阳就是两仪。伏羲认为阴阳是构成宇宙万事万物

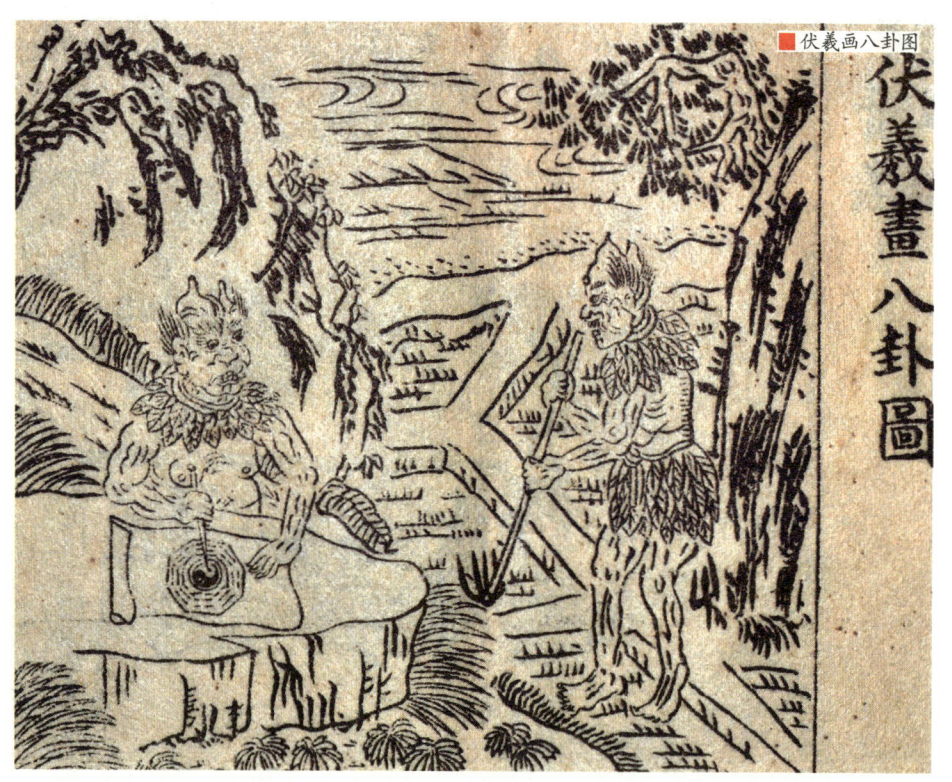

伏羲画八卦图

最基本的元素。然而宇宙万物之间的阳阴到底是怎么转换的呢？转换的规律是什么呢？伏羲想来想去，怎么也想不出个头绪来。

有一天，伏羲在河边捕鱼，逮住一个白色的龟。这只龟龟形近圆，龟爪像龙，周身洁白，玲珑剔透。龟身上的纹理错落有致：中央有5块，周围有8块，龟盖外围有24块，腹底12块。

伏羲认为这只白龟是个神物，所以就没有把白龟吃掉，而是挖了个池子，把白龟放养在里边。伏羲每次逮些小鱼虾去喂白龟时，白龟都会凫到伏羲跟前，趴在坑边不动弹。伏羲没事儿就坐在坑沿儿，边看白龟边思考宇宙万物之间的规律。

有一天，伏羲折一根草秆儿，在地上比着白龟盖上的花纹画。画着画着，竟画出了四象，即少阳、老阳、少阴、老阴。然后，他在四象的基础上，用一通道儿当阳，一断道儿当阴，一阳二阴，一阴二阳，来回搭配，画来画去，竟产生8种新的符号，也就是八卦图，即

八卦图

先天八卦。八卦图画出来后,伏羲把象征金、木、水、火、土的"五行"按照龟盖中央的5块纹理的秩序排列出来;把象征八卦的"乾、艮、震、巽、坎、离、坤、兑"按龟身周围8块的纹理秩序排列出来;把象征二十四节气的符号按照龟盖外围24块的纹理秩序排列出来;把象征十二地支的"子、丑、寅、卯、辰、巳、午、未、申、酉、戌、亥"按照龟腹底12块纹理的秩序排列出来。

那时,人们靠打渔、狩猎过日子。一个人出去打渔、狩猎最怕的是半路上碰到激烈的天气变化,来不及逃生。所以,很多人出门打渔、狩猎时,便去问首领伏羲天气如何。

在一次又一次的精确预测出天气后,人们对伏羲越来越信赖,问天气的人越来越多,伏羲来不及应付,就说:从明天开始,我在村口的大树上挂了一个图像,你们一看图像就知道明天是什么天气。

从此以后,村民每次出门时,只要去村口看一眼八卦画,就知道出门后会不会遇到恶劣天气了。

从此以后，每天伏羲都会用八卦图分别把代表八种最基本的自然现象挂在村口。即"乾、坤、震、巽、坎、离、艮、兑"，这八卦现象称为八经。

乾代表天。天以3个阳爻留有一定的空间垒叠而成为"乾卦"，三是个概数，以此表示不知天有多高，即天有看不见的上空。

坤代表地。地字以3个阴爻垒叠而成为"坤卦"。意思是，不知地有多深。地上也有沟壑、山川、河流、湖泊、崖石山洞等。

震代表雷。当时人们最敬畏雷，所以，以2个阴爻覆盖着1个阳爻表示。意味着雷声震耳、电光闪闪，能撕破天的形象。

巽代表风。当时人们认为风在天下流动，所以，以2个阳爻覆盖在1个阴爻之上表示。因为人们最清楚洞穴里有风，山川里有风，山头上有风，广阔的平地上也有风。

坎代表水。坎卦中间1个阳爻，上面1个阴爻，下面1个阴爻。中间的阳爻象征河道，上、下面的阴爻就象征是流淌着的水。

离代表火。离卦中间1个阴爻，上面1个阳爻和下面1个阳爻。离卦意会为燧人氏的钻木取火，两个阳爻是为两条树木，阴爻是从中

> **燧人氏** 又称"燧皇"，或简称燧人，名允婼，三皇之首，上古时代燧明国。为华胥氏之夫、伏羲与女娲的父亲，是华夏人工取火的发明者，结束了远古人类茹毛饮血的历史，开创了华夏文明，商丘因此被誉为华夏文明的发祥地，被授予"火文化之乡"称号。

■ 伏羲手握八卦图

> **阳爻** 《易经》六十四卦的两个基本符号之一，与阴爻"- -"相对，以"—"表示。三国时期的魏王弼注云："'—'者谓阳爻。小道将灭，大者获正，故利贞也。"

钻出来的火苗。当时人们看到山火的肆虐，火山的爆发，以及木棍上火苗的飘动，普遍认为火是流动的。所以，用2个阳爻夹着1个阴爻表示。

艮代表山。艮卦是1个阳爻在上，2个阴爻在下面，突出的是天底下的山，地上的山。艮卦不仅可以理解为"山在天底下、天底下的山"还可以理解为"山上面是天，地上面是山"等等概念。

兑代表泽。兑卦是1个阴爻在上面，2个阳爻在下面。这两个阳爻，可以理解是盛水的地方或器皿。当时人们认为水是从天上落下来的，水是流动的、无孔不入的，所以，一般薄的器皿盛不住它，会漏，需要用两个阳爻来代表盛水的木制、陶制器皿或厚实的泽地或湖库。

八卦图虽然能代表世间万物的8种基本性质，但世间具体的事物则是无穷无尽的，不可能只有8种，渐渐地，用于反映天道规律的伏羲先天八卦不能准确反映越来越复杂的人类社会规律了。

商末的时候，国君商纣王昏庸无道，西部诸侯长姬昌广施仁德，礼贤下士，发展生产，深得人民的拥戴。由此引起商纣王的猜忌和不满，商纣王听信谗言，将姬昌囚禁于当时的国家监狱羑里城。

姬昌被关了整整7年时间。在这漫长的日子里，姬昌用监狱地上长的蓍草作为工具，从自然界选取了天、地、雷、风、水、火、山、泽8种自然物，作为万物生成的根源；然后把世上千变万化纷纭复杂的事物，抽象为阴阳两个基本范畴；他把刚柔相对、

> **阴爻** 《易经》六十四卦的两个基本符号之一，与阳爻"—"相对，以"- -"表示。《易·乾》："初九，潜龙勿用。"唐孔颖达疏："八为阴数而画阴爻，今六为老阴，不可复画阴爻，故交其钱，避八而称六。"高亨《周易大传通说》第二章："此爻为阳爻，是为刚居下位；此爻为阴爻，是为柔居尊位。"

变在其中,作为自己对世事和人生的基本看法。最后,姬昌将八卦两两相叠,构成64个不同的六画组合体,即"六十四卦",每卦中的两个"八卦"符号,居下者称为"下卦",也称"内卦",居上者称为"上卦",也称"外卦"。

"六十四卦"每卦共有六条线条,称为"爻"。"爻"的原意也就是阴阳之交变。因此"— —"称为"阴爻",以"六"表示;"—"称为"阳爻",以"九"表示。六爻的位置称为"爻位",自下而上分别为"初""二""三""四""五""上"。

另外,周文王还在每一卦卦形符号下面写上文辞,即卦爻辞,其中卦辞每卦一则,总括全卦大意,爻辞每爻一则,分指各爻旨趣。六十四卦共有三百八十四爻,因而相应的也有六十四则卦辞和三百八十四则爻辞。

通过这六十四卦和三百八十四爻,周文王把自己如何立志,如何心怀天下,如何为人处事,如何交友,如何走出逆境,如何治理国事,如何居安思危,如何对待婚姻、家事,姬昌时而借喻,时而象征,时而真发感叹,时而暗指影射,把自己所欲表达的东西寓寄在卦辞和爻辞上。

六十四卦,计有64条卦辞和384条爻辞,总计448条。周文王在这部著述,也就是被称为"群经之首,大道之源"的《周易》,将人生哲理、世间

周文王姬昌塑像

**商瞿** 商姓，名瞿，字子木，春秋末年鲁国人。商瞿喜好《易经》，孔子就传授《易经》给他。后来商瞿又传给楚人子弘。从此，《易经》传于后世儒者，传八代至汉川人杨向，杨向以懂易学而至中大夫，以"易学"入仕。商瞿的造诣很高，是孔门传道者之一。

情态，尽收其中。由于《周易》成书很早，文字含义随时代演变，其内容在春秋战国时便已不易读懂，于是，那些专门研究《周易》的人被称为易学家。

孔子起初并没有学《周易》，一次，他偶然间用《周易》占卜自己的命运，占得一卦为"火山旅"。他便以此卦请教于精通《周易》的商瞿。

商瞿对他说："'旅'卦的彖辞曰：'小亨，柔得中乎外，而顺乎刚，止而丽乎明。'意思是虽有太阳般的光明但却静止不动。您占这卦表明，您虽然具有圣人的智慧，集大道于一身，却没有权威的地位，不能施行于天下。"

孔子听后长叹道："凤凰不向此地飞来，黄河没有龙图出现，这真是天命啊！"从那以后，孔子开始反复研读《周易》。

孔子花了很大的精力，把《周易》全部读了一遍，基本上了解了它的内容。接着又读第二遍，掌握了它的基本要点。再接着，他又读第三遍，对其中的精神、实质有了透彻的理解。

**八卦** 我国古代的一套有象征意义的符号，由三条长画或断画组成的八种图式。八卦相传是伏羲所造，后来用来占卜，对后世影响很大。八卦有不同类型，宋代邵雍理论经朱熹传播以来，先天八卦、后天八卦为大众所知。

透彻理解《周易》的精神和实质后，孔子写下了10篇读后感：《彖传》上下、《象传》上下、《文言》《系辞传》上下、《说卦传》《序卦传》《杂卦传》，共计7种10篇。这10篇读后感被后人称为《十翼》，又称为《易传》，以解读《易经》。

彖传，随上下经分为上下两篇，共64节，分释六十四卦卦名、卦辞和一卦大旨。象传，随上下经分为上下两篇，阐释各卦的卦象及各爻的爻象，释卦象者称为《大象传》，释爻象者称为《小象传》。

文言，共两节，分别解说《乾》《坤》两卦的意旨，故也称《乾文言》《坤文言》。主要是在《象》和《象》的基础上作出进一步阐发与拓展。

系辞传，分为上下两篇，主要申说经文要领，贯彻卦爻辞的基本义理。文中对《周易》经文作了全面的辨析与阐发，一者抒发《易》理之精微，二者展示读《易》之要例。

说卦传，是阐述八卦取象大例的专论，也是探讨《易》象产生与推展的重要依据。

序卦传，是《周易》六十四卦排列次序的推衍纲要，揭示各卦之间的相承相受。前半段经《乾》至《离》共三十卦，主说天道；后半段自《咸》至《未济》三十四卦，主说人伦。

杂卦传，犹言"杂糅众卦，错综其义"。将六十四卦重新编为32对"错综卦"，旨在阐发事物的发展在正反相对因素中体现的变化规律。《周易》是一部我国古哲学书籍，也称易经，简称易，"周"有周密、周遍、周流等意。

■孔子学习雕像

另有说"周"是"周普"的意思，即无所不备，周而复始。也有人认为《易经》流行于周朝故称《周易》，还有人依据《史记》的记载"文王拘而演周易"，认同《易经》乃周文王所著，所以叫《周易》。"易"一说由蜥蜴而得名，为一象形字；一说，在西周，易即雅乐，是执政者驾驭黎民百姓，维护宗法制度的手段和工具；还有说，日月为易，象征阴阳，揭示阴阳循环交替之理。另外，易也有"道"的意思，含有日出、占卜、变易、变化、交易、恒常的真理。

《周易》是一部古老而又灿烂的文化瑰宝，古人用它来预测未来、决策国家大事、反映当前现象，上测天，下测地，中测人事。然而《周易》占测只属其中的一大功能，其实《周易》囊括了天文、地理、军事、科学、文学、农学等丰富的知识内容。

一代大医孙思邈曾经说过："不知易便不足以言知医。"可以一言以蔽之：没有《易经》就没有我国的文明。作为我国最古老的文献之一，《易经》在西汉时被儒家尊为"五经"之首，在我国文化史上享有最崇高的地位。

**阅读链接**

在远古的时候，有个部落首领伏羲教会人民结绳为网以渔，养蓄家畜，促进了生产的发展，改善了人们的生存生活条件。因此，上天祥瑞迭兴，并授予他一件神物。

据《易·系辞上篇》记载："河出图，洛出书，圣人则之。"有一种龙背马身的神兽，生有双翼，高八尺五寸，身披龙鳞，凌波踏水，如履平地，背负图点，由黄河进入图河，游弋于图河之中。人们称它为龙马。伏羲看到龙马后，依照龙马背上的图点，画出了图样。等伏羲画完，龙马潜入水中。没过多久，有只神龟背上背着一本书从洛水出现了。伏羲看到神龟背上的书后，遂根据这种天赐的符号画成了八卦。

# 最早编年体史书《春秋》

西周开始的时候，国家专门设立了太史记载国家大事，太史逐年逐月逐日记载，之后把记载的国家大事编辑成简册，遂成史书。因为每年有春、夏、秋、冬四季，太史便标举"春秋"两字，以代表每一年。公元前770年，周平王东迁，由于强大起来的诸侯争霸，导致西周王朝分裂为数十个大大小小的诸侯国。

西周王朝的微弱，又导致来中央朝拜周王的诸侯越来越少，为了记载国家大事，周王便分派很多史官到各个诸侯国去记录发生在其国内的大事。周王派出的史官虽在各国，而其身份则仍属王室，不属诸侯。

公元前607年，晋国国君晋灵公被杀。晋灵公经常站在高台上用弹弓射人，以观看人

《春秋左传》

**灵辄** 春秋时期著名的侠士之一，他受赵盾一饭之恩，后来为保护赵盾而死，于是便成为我国古代知恩不忘报的典型人物。对于灵辄知恩图报的故事，后来唐代的杜甫在《奉赠韦左丞丈二十二韵》诗中就引用了它："常拟报一饭，况怀辞大臣。"

**戟** 古书中也称"棘"。是一种我国独有的古代兵器。实际上戟是戈和矛的合成体，它既有直刃又有横刃，呈"十"字或"卜"字形，因此戟具有钩、啄、刺、割等多种用途，其杀伤能力胜过戈和矛。戟在商代即已出现。

们躲避他弹射的弹丸来取乐，激起了民众和大臣们对他的极度不满。

正在宫廷议事的大夫赵盾和士季看到从车里露出来的人手，问清厨子被杀的原因后，为这件事深感忧虑。赵盾准备进谏，士季说："您进谏，如果国君不接受，那就没有谁能接着进谏了。请让我先去吧，没有采纳，您再继续劝说。"于是，士季往前走了3次，伏地行礼3次，灵公假装没看见。

过了很久，晋灵公才看了看他，说道："我知道所犯的错误了，准备改正它。"然而，晋灵公却一点也没改。为此，赵盾又多次进谏。晋灵公渐渐地越来越厌恶赵盾，并派勇士钼麑去暗杀赵盾。

钼麑见赵盾卧室的门已经打开了，赵盾也早已穿戴整齐准备上朝了。由于上朝的时间还早，赵盾就端坐在那里打瞌睡。钼麑退出来感叹地说："赵盾时刻不忘记恭敬，真是百姓的主啊。杀害百姓的主，就是不忠；不履行国君的使命，就是不守信用。我既不想做不忠之人，也不想做不守信用之人，现在只能选择死了。"于是，钼麑撞死在槐树上。

晋灵公见赵盾没被暗杀，心中不甘，又过了一些时候，灵公说要赐给赵盾酒喝，邀请赵盾到皇宫去。在赵盾到来之前，晋灵公预先在皇宫内埋伏好身穿铠甲的武士，准备在赵盾喝酒时攻杀赵盾。

赵盾进皇宫后，他的随从提弥明马上发现有埋伏，就赶紧扶赵盾下堂。晋灵公见赵盾要走，马上唤出猛犬向赵盾扑去。提弥明徒手搏击猛犬，把猛犬打死了。提弥明为掩护赵盾被武士们杀死。就在赵盾被武士们围攻的紧急当口,武士中有个人忽然把戟掉过头来抵御晋灵公手下的人,使赵盾得免于难。赵盾问这位武士为什么救他,对方回答说:"我就是您在翳桑救的饿汉呀。"

原来,有一次赵盾在首阳山打猎,在翳桑住了一晚。在翳桑时,赵盾看见一位叫灵辄的人饿倒在地,就马上让人给灵辄拿来很多食物。谁知灵辄狼吞虎咽地吃了几口后却不吃了,问其原因,灵辄说要把这些东西拿回家送给老母亲。赵盾听后又给灵辄预备一筐饭和肉,放在袋子里送给他。不久,灵辄做了晋灵公的甲士。

晋灵公要攻杀赵盾,灵辄见被攻杀的人竟然是自己的恩公,所以便掉转戟头来抵御那些杀手。赵盾见晋灵公三番五次想杀自己,他便逃亡国外。在赵盾还没有逃出晋国国境的时候,晋灵公的堂弟赵穿在桃园把晋灵公杀死了。

于是,赵盾就又跑回来继续主持国政,并派人到成周把公子黑臀接回来,接替晋灵公做晋国君主。晋国的太史董狐在记载晋国大事

春秋时期晋文公的雕像

时，把晋灵公被杀这件事刻在了竹简上。

除晋国太史董狐据实记载晋国发生的大事件外，齐国的史官也是如此。齐国大夫棠公的妻子棠姜长得非常漂亮，棠公死后，齐国丞相崔杼便把她娶了过来。齐国国君齐庄公得知崔杼得了一位美妻，便多次到崔杼家和棠姜私通。有一次，齐庄公与棠姜私通回来之时还顺手拿了一顶崔杼的帽子送给别人。

齐庄公的侍者劝阻齐庄公别拿。齐庄公却笑道："拿了崔杼一顶帽子而已，难道他没有别的帽子吗？"这件事后，齐庄公和崔杼的关系彻底破裂。

有一次，齐庄公举行国宴款待来访的莒国国君，作为国相的崔杼称病不参加。齐庄公借探病为由，到崔杼府上准备与棠姜偷情。事先有谋的棠姜进入内室后将屋门关上就不再出来，于是齐庄公在前堂抱着柱子唱歌，希望用歌声把棠姜引出来。

正当齐庄公在棠姜内室前堂唱歌时，早埋伏好的刀斧手便一拥而上。齐庄公吓得赶紧跑到一座高台上，刀斧手们一下包围了这座高台。齐庄公见说服不了他们，于是拔腿逃跑。在他翻越一道墙的时候，追兵射中了他的大腿，齐庄公从墙头掉下来，士兵们一拥而上将他杀了，他手下的10个随从也尽数被诛。

齐国的上大夫晏婴听说后，来到崔杼家，枕着齐庄公的遗体大哭起来，哭完之后对着遗体拜三拜而出。崔杼手下劝他杀死晏婴，崔杼摇头说："晏婴是百姓所景仰的人，杀了这样的人会失去民心。"

齐庄公死后，崔杼拥立庄公的弟弟杵臼为君，史称齐景公，崔杼仍旧是国相。齐国太史在记载这件事时，就在竹简上刻上"崔杼弑其君"这句话，意思是崔杼杀了他的国君。

郑国国君的妻子姜氏生了两个儿子，大儿子叫寤生，小儿子叫段。段特别受到姜氏宠爱。所以，姜氏希望郑武公掘突将来把郑国的君位传给段。

掘突没有同意，还是照当时的规矩，立大儿子寤生为太子。公元前743年，掘突去世了，寤生即位做了国君，即郑庄公。姜氏见心爱的小儿子段没成为国君，就对郑庄公说："你已经顶替你父亲当上了诸侯，那么，你就把京城封给段吧。"

第二天，郑庄公召集了文武百官，他要把京城封给他的弟弟段。大夫祭足反对说："这哪儿行啊？京城是个大城，跟咱们的都城一样，是个重要的地方。再说段是太夫人宠爱的，要是他得了京城，势力大了，将来必定生事。"

郑庄公说："这是母亲的意思，我做儿子的不能不依。"郑庄公不管大臣们怎么反对，还是把京城封给了段。从此，人们把段叫"京城太叔"。

太叔到京城后，一面招兵买马，一面操练军队。20年后，太叔的势力大起来了，还把临近京城的两个小城夺去了。大臣都着急了，祭足说："京城太叔操

> 晏婴（？~公元前500年），字仲，谥平，又称晏子，汉族，夷维人，即现在的山东高密。春秋后期一位重要的政治家、思想家、外交家。晏婴是齐国上大夫晏弱之子。以生活节俭，谦恭下士著称。他辅佐齐国三代国君长达50余年。代表作品有《晏子春秋》。

■ 春秋战国时期武士木雕

春秋时期诸侯的朝觐礼

练兵马,又占了两个城,这不是造反吗?您就该立刻发兵去镇压!"

郑庄公说:"我宁可少了几个城,也不能伤了弟兄的情分,叫母亲伤心呢。"

过了几天,郑庄公吩咐大夫祭足管理朝廷上的事情,自己上洛阳朝拜周天子去了。姜氏得到了这个消息,赶紧写信,打发一个心腹之人到京城去约太叔发兵来打新郑。京城太叔接到了母亲的信,他对手底下的士兵说:"我奉了主公的命令发兵去保卫都城。"说着就发动兵车,打算动身。

谁知道郑庄公早就派公子吕把什么都布置好了。公子吕叫人在半路上拿住了那个给姜氏送信的人,搜出信来,交给郑庄公。原来,郑庄公假装上洛阳去,偷偷地绕了一个弯儿,带领着两百辆兵车来到京城附近,埋伏停当,单等太叔动手。

公子吕派了一些士兵打扮成买卖人的模样,混进京城,他们就在城门楼子上放起火来。公子吕瞧见城门起火,立刻带领大军打进去,占领了京城。

太叔出兵不到两天,听说京城丢了,便连夜赶回来。士兵们这才知道太叔出兵原来是要他们去打国君，乱哄哄地跑了一半。太叔一见军心变了，夺不回京城，就自杀了。郑庄公在太叔身上搜出了姜氏的信，叫人把去信和回信送给姜氏看，还嘱咐祭足把姜氏送到城颍去住，发誓说："不到黄泉，再也不跟母亲见面了。"

没过了几天，郑庄公回到新郑。外面沸沸扬扬，都说他这么对待母亲太过分了。作为一个国君，就盼望臣民像孝顺父母那样对待他，他自己落了个不孝的罪名，人家还会来为他效力吗？

郑庄公正为难时，城颍的一个叫颍考叔的官员向郑庄公建议说："人不一定要死了才到黄泉。挖个地道，挖出水来，不就是黄泉吗？咱们再在地道里盖一所房子，请太夫人坐在里头。主公走进地道去跟太夫人见面，不就应了誓言了吗？"

郑庄公一听，这真是个好办法。地道挖好后，郑庄公从地道把母亲接回到宫里。对给他出了这个两全其美的主意的颍考叔，郑庄公拜他为大夫，让他跟公子吕、公孙子一同管理军队。

后来，鲁国的孔子听说了晋国、齐国、郑国等诸侯国发生的这些事情，觉得有必要把各个诸侯国尤其是鲁国的历史记录下来，留给后世。于是，他就写了一部史书，名为《春秋》。

《春秋》是儒家的经书，记载了从鲁隐公元年到鲁哀公十四年鲁国12位君主的历史，基本上是鲁国史书的原文。也是我国现存最早的一部编年体史书。

鲁隐公元年就是公元前722年，鲁哀公十四年就

**郑庄公**（公元前757年～公元前701年），姬姓，郑氏，名寤生，历史上非常著名的政治家。他一生功业辉煌，在位期间，分别击败过周、虢、卫、蔡、陈联军及宋、陈、蔡、卫、鲁等国联军。郑庄公又是一个有战略眼光，精权谋、善外交的政治家。

**周天子** 周王朝君主，指的是掌管周朝、作为天下君主的人。例如周武王昌发，周平王姬宜臼。从东周时期开始，由于当时各诸侯国势力发展壮大，周天子虽是各个诸侯国的共主，地位很高，却没有什么实权，以至于出现春秋战国时期诸侯争霸的局面。

是公元前481年。事实上，《春秋》虽然依据鲁国国君的世系纪年，但记述范围却遍及各个诸侯国，是有准确时间、地点、人物的原始记录，具有信史价值。全书大约1.7万字，主要内容记载春秋时期各诸侯国执政阶级的政治活动。

在我国远古时期，春季和秋季是诸侯朝聘王室的时节，春秋在古代也代表一年四季。而史书记载的都是一年四季中发生的大事，因此"春秋"是史书的统称。而鲁国史书的正式名称就是《春秋》。

传统上认为《春秋》是孔子的作品，也有人认为是鲁国史官的集体作品。据说，《春秋》原文，从三国以后脱落了1000多字。很多大事漏记。因为《春秋》是粗线条的笔墨。

为补这一遗缺，后来又出现以春秋为主本的《传》，为此，后来流传下来的《春秋公羊传》《春秋谷梁传》和《春秋左氏传》3种，并称《春秋三传》。

《春秋》虽然不是历史学著作，却是可贵的史料著作，因而对于研究先秦历史，尤其对于研究儒家学说以及孔子思想意义重大。孟子曾经说："孔子成《春秋》，而乱臣贼子惧。"《春秋》作为鲁国的史书，其作用早已超出史书范围，春秋用词遣句"字字针砭"成为独特的文风，被称为春秋笔法，为历代文史家奉为经典。

## 阅读链接

天开人文，鲁兴春秋。春秋时期，泱泱大国就出现在历史舞台上了，人们开始有了礼，懂得了仁爱，大智大勇的智慧开始浮现。它是我国历史上人文时代的开端，也是儒家文化的先声。《春秋》正好记载了这个时代的人性的具体表现以及发展历程。

儒家创始人孔子的《春秋》对后世最大的影响就是被人们称赞的春秋笔法。《春秋》最大的特点就是每用一个字，都是入木三分，有褒贬含义。后世很多的人在写作的时候，学习春秋的写作方法，用字用言，字字珠玑。

## 史学宝典

# 春秋三传

《春秋》经文言简义深,如无注释,则无法了解。为了更好地说明《春秋》的纲目,孔子的好友左丘明便用大量具体史实著《左氏春秋》以补原书之不足,简称《左传》。孔子去世后,其弟子各以所闻辗转传授,逐渐形成不同的《春秋》师说,由孔子弟子子夏传给学生公羊高的形成《公羊说》,传给谷梁赤的形成《谷梁传》。

上述三部传述补充并丰富了《春秋》的内容,是研究先秦历史和春秋时期历史的重要文献,对后世的史学产生了很大影响。

# 最早编年体史书《左传》

孔子依据鲁史修撰了一部史书《春秋》，借记载各诸侯国重大历史事件宣扬王道思想。他曾与好友鲁国史官左丘明一起参观鲁国的史记，然后讲给弟子。但他的弟子们后来所言互异。

左丘明唯恐孔门弟子各安其意，以失其实，同时也为了更好地说明《春秋》的纲目，他便用大量具体史实著《左氏春秋》，以补《春秋》原书之不足，简称《左传》，证明孔子不以空言说经。

左丘明是西周王朝开国元勋姜太公的子孙，西周建国之初，西周太傅周公分封诸侯，姜太公因灭商有功被封于齐，都于营丘。姜太

古书籍《春秋左传》

鲁国修建都城图

公去世后,嫡长子丁公继位,小儿子印依营丘居住,改姓为丘。

后来,周王室发生宫廷之争,丘的后人娄嘉为逃避灾难,全家到了楚国,出任楚国的左史官。那时候,职业往往是父死子继,所以古人常以所任官职为姓。娄嘉及其后人世代担任楚国的左史官,所以便改丘姓为左,长期在楚国定居下来。

娄嘉的十二代孙倚相,史称"左史倚相",是春秋时期杰出的史官,在楚国政治地位较高。倚相的儿子成任左史时楚国发生争夺君权的内乱。为躲避内乱,成投奔到鲁国,做了鲁国的太史。后来,左丘明袭父亲官职为鲁国的太史官。

鲁国是周公的封地,周公制礼作乐,鲁国保存了西周的多种礼乐制度和文献,所以鲁国一向有"礼乐之邦"的美称。西周灭亡后,周室文化在西方荡然无存,却在东方的鲁国保留得相当完整。当时鲁国的各种文献和档案资料,属于太史职掌收藏,左丘明既然为鲁国的太史,自然也就掌握了春秋时期中原最丰富的文献资源。

左丘明博览天文、地理、文学、历史等大量古籍,学识渊博。在任鲁国左史官时,他尽职尽责,德才兼备,为时人所崇拜。左丘明很重视礼的作用,也认为礼是治理国家、安定社会、造福人民的依据

**左丘明**（公元前556年~公元前451年），姓丘，名明。是春秋末期鲁国人。相传他曾经做过鲁国的史官，是我国古代伟大的史学家、文学家、思想家、军事家。他晚年双目失明，著有《左氏春秋》和《国语》，对后来文学历史等方面影响巨大。

和手段，也是"君子"必须遵行的规范。

由于受重礼思想的影响，左丘明特别重视个人的品德修养，这些修养包括忠、孝、信、义、让等，他认为忠是一个人最美好的品德，忠的首要涵义是忠于国君。

春秋时期，卫国卫庄公的爱妾生了个儿子叫州吁。州吁整天只喜欢舞刀弄枪，不务正业。大夫石碏也有个儿子，叫石厚，石厚与州吁关系很好。卫庄公死后，公子完继位为卫桓公。此时石碏因年迈，又不满州吁的行为，便告老还乡。

一天，卫桓公要到洛邑去见周王，州吁和石厚便借送行之机杀死卫桓公，夺取了王位。可是他们不得人心，于是商量找石碏帮忙，以安抚民心。

石碏告诉前来求助的儿子说："你们只要去请陈恒公帮你们在周王面前说说，得到周王的同意就好了。"石碏却暗中写信密告陈恒公，请他帮助捉拿弑君的凶手。卫大夫石碏大义灭亲，他将参与叛乱的儿子正法，左丘明给予高度评价，称其为"纯臣"。

左丘明认为国君也必须注重品德修养：国君要治理好国家，首先自己要贤明，做到秉正无私、心胸博大、知人善任；治理国家，还必须把德政和刑罚结合起来，用德政来治理百姓、用刑罚来纠正邪恶，这样百姓才能安居乐业、邪恶才能消除。

公元前630年，晋文公和秦穆公联合围攻郑国，晋军驻扎在函陵，秦军驻扎在汜水的南面。大夫佚之狐对郑文公说："郑国处于危险之中，假如让智勇双

**郑文公**（？~公元前628年），姬姓，郑氏，名踕，郑厉公之子，春秋时期郑国第八位第十任国君。郑文公在位期间，善于察言观色，又常常出席大国主持的盟会，寻求"保护伞"，郑国也因此躲过了一次次灭国危机。

全的烛之武去见秦穆公,秦国的军队一定会撤退。"郑文公同意了。

这天夜晚,有人用绳子将烛之武从城上放下去。烛之武见到了秦穆公说:"秦、晋两国围攻郑国,郑国已经知道要灭亡了。假如灭掉郑国对您有好处,怎敢冒昧地拿这件事情来麻烦您。越过邻国把远方的郑国作为秦国的东部边邑,您知道这是困难的,您为什么要灭掉郑国而给邻国增加土地呢?邻国的势力雄厚了,您秦国的势力也就相对削弱了。如果您放弃围攻郑国而把它当作东方道路上接待过客的主人,出使的人来来往往,郑国可以随时供给他们缺少的东西,对您也没有什么害处。而且您曾经给予晋惠公恩惠,惠公曾经答应给您焦、瑕两座城池。然而惠公早上渡过黄河回国,晚上就修筑防御工事,这是您知道的。晋国,怎么会满足呢?现在它已经在东边使郑国成为它的边境,又想要向西扩大边界。如果不使秦国土地亏损,将从哪里得到他所奢求的土地呢?削弱秦国对晋国有利,希望您考虑这件事!"

秦穆公认为烛之武说的非常有道理,他便与郑国签订了盟约,派遣大将杞子、逢孙、杨孙戍守郑国,于是秦国就撤军了。

晋公大臣子犯见秦国撤军,他请求晋文公乘机袭击秦军。晋文公

■ 春秋时期的《车马出行图》

完璧归赵雕塑

说:"不行!假如没有秦国的协助,我是不敢来侵犯郑国的,依靠别人的力量而又反过来损害他,这是不仁义的;失掉自己的同盟者,这是不明智的;用散乱的局面代替整齐的局面,这是不符合武德的。我们还是回去吧!"于是,晋军也就离开了郑国。

左丘明认为在军事上也同样要重视德和义的作用:主张战前必须做好充分的准备,否则就不要出师。

公元前479年,年事已高的左丘明眼睛出了毛病,不得不辞官回乡。左丘明辞官还乡后,建立了左史书舍,开始编纂《左传》。左丘明纂修《左传》的时候已经彻底失明了。但强烈的历史使命感使他振作起来,为了全面反映出当时的社会历史面貌,左丘明日夜操劳,历时30余年,终于把一部纵贯200余年、18万余字共35卷的《春秋左氏传》定稿。

《左传》全称《春秋左氏传》,原名《左氏春秋》,汉代时又名《春秋左氏》《左氏》。汉朝以后才多称《左传》,是为《春秋》做注解的一部史书,与《春秋公羊传》《春秋谷梁传》合称"春秋三传"。

《左传》记事相当详细,对历史事件一般都能做到首尾完整。此外,《左传》还吸收了其他史书体裁的长处,把其他史书的史料按年代顺序组织进去,使编年体史书达到基本成熟的程度。所以,《左传》是我国第一部真正名副其实的叙事详尽的编年体历史著作。不仅如此,在历史编纂上,《左传》还扩大了编年体史书的容量。

还有,在编年记事总的格局中,《左传》富于变化,有时着意写一件史事的本末原委,有时集中写一位历史人物的经历和活动。这不仅拓展了编年体史书在写人、记事方面的容量,而且有助于弥补一件史事被相关年代中其他史事割裂的缺点。

另外在编纂学上,《左传》首创"君子曰"一栏。不同版本的《左传》"君子曰"以议论形式升华史事,为史书作者发表一家之言提供了园地,成为一种优良的史学传统。

《左传》取材于王室档案、诸侯国史等,是研究先秦历史和春秋时期历史的重要文献,它代表了先秦史学的最高成就,对后世的史学产生了很大影响,特别是对确立编年体史书的地位起了很大作用。

《左传》对后世的影响首先体现在历史学方面。它不仅发展了《春秋》的编年体,并引录保存了当时流行的一部分应用文,给后世应用写作的发展提供了借鉴。仅据宋朝吏部侍郎陈骙在《文则》中列举,就有命、誓、盟、祷、谏、让、

左丘明塑像

书、对等8种之多，实际还远不止此，后人认为檄文也源于《左传》。本书在我国的文学界也有极高的艺术价值，对史学也有巨大的贡献。

《左传》有鲜明的政治与道德倾向。其观念较接近于儒家，强调等级秩序与宗法伦理，重视长幼尊卑之别，同时也表现出"民本"思想，因此也是研究先秦儒家思想的重要历史资料。

《左传》本不是儒家经典，但是，自从它立于学官，后来又附在《春秋》之后，就逐渐被儒者当成经典。《左传》在史学中的地位被评论为是继《尚书》《春秋》之后，开《史记》《汉书》之先河的重要典籍。

《左传》虽不是文学著作，但从广义上看，仍可说是中国第一部大规模的叙事性作品。比较以前任何一种著作，它的叙事能力表现出惊人的发展。许多头绪纷杂、变化多端的历史大事件，都能处理得有条不紊，繁而不乱。这种叙事能力，无论对后来的历史著作还是文学著作，都是具有极重要意义的。

另外，《左传》注重故事的生动有趣，常常以较为细致生动的情节，表现人物的形象。《左传》对后世的《战国策》《史记》的写作风格产生很大影响，形成文史结合的传统之一。

## 阅读链接

据《左传》记载，有一次，楚国与吴国即将开战，楚兵少而吴兵多。楚将子囊以为，照这样打起来楚军队必败，因此他没向楚王请示就下令退兵。到了国都城郊，子囊派人请求楚王赐死。楚王认为子囊退兵，是为国家社稷着想。子囊却认为，对不战而退兵之人应该处以死刑，于是拔剑自刎。楚王赞叹子囊高义，殡葬时，将刑具放在子囊的三寸桐棺上，表示对子囊执行了死刑。

子囊在死后还不忘给国君增加好名声，在自己将要死的时候还不忘保卫祖国，这就是忠。

# 阐释微言大义的《公羊传》

年事已高的孔子见自己的主张难以实施,与好朋友左丘明一起参观完鲁国的《史记》后,便依据鲁史修撰了一部政治史《春秋》,以著作史书褒贬历史的方法来寄托自己的政治理想和伦理观念。

由孔子弟子子夏传给弟子公羊高的,称为《公羊传》。公羊高子孙继续口耳相传,一直到汉景帝时,由公羊高的玄孙公羊寿与弟子胡毋生开始合写成书。

《公羊传》也称《春秋公羊传》《公羊春秋》,是专门解释《春秋》的一部典籍,其起讫年代与《春秋》一致,即公元前722年至前

481年,其释史十分简略,而着重以问答的方式阐释《春秋》所谓的"微言大义"。

《公羊传》共约4万多字,其中情节较为完整、算得上历史故事的共有30来个。所记事实,有的与《左传》大同小异,有的详略不等,也有的为《左传》所无。

公元前589年六月十七日这天,齐国和晋国交战。齐国一方是大夫邴夏为齐顷公赶车,大夫逢丑父当车右。晋军一方是大将解张为主帅,正卿郤克赶车,勇士郑丘缓当车右。

齐顷公说:"我姑且消灭了这些人再吃早饭。"然后,齐顷公不给马披甲就冲向了晋军。

郤克被箭射伤,血流到了鞋上,但是仍不停止擂鼓继续指挥战斗。郤克边擂鼓边对身边的解张说:"我受重伤了。"

这时,解张说:"从一开始接战,一支箭就射穿了我的手和肘,我把箭折断了继续驾车,左边的车轮都被我的血染成了黑红色,我都没敢说受伤。您也忍着点吧!"

车右郑丘缓听到他俩的对话,说:"从接战开始,遇到道路不平的地方,我必定冒着生命危险下去推车,你们了解这些吗?"说着郑丘缓扭头看了郤克一眼,见郤克身上的伤口血流不止,又说,"不过,您真是受重伤了。"

解张说:"集中在我们手上的战旗和鼓声,是军队的耳朵和眼睛,前进后退都要听从它。这辆车上还

---

**逢丑父** 齐国大将,公元前589年,晋国与齐国发生了鞌笄山之战。齐将逢丑父在危急关头为营救齐君而采用的以李代桃之计,据礼巧辩,说服晋帅放掉他这一对两国利害无谓的被俘者。这一计策,改变齐国受灾祸的性质,降低晋国取胜的意义。

**司马** 我国古代官名,殷商时代始置,位次"三公",与"六卿"相当,与司徒、司空、司士、司寇并称五官,掌军政和军赋,春秋、战国沿置。汉武帝时置大司马,作为大将军的加号,后亦加于骠骑将军,后汉单独设置,皆开府。隋唐以后为兵部尚书的别称。

有一个人镇守住它,战事就可以成功。为什么为了伤痛而败坏国君的大事呢?身披盔甲,手执武器,本来就是去走向死亡,伤痛还没到死的地步,您还是尽力而为吧。"

解张一边说,一边用左手把右手的缰绳攥在一起,用空出的右手抓过郤克手中的鼓槌就擂起鼓来。马飞快奔跑而不能停止,晋军队伍跟着指挥车冲上去,把齐军打败。晋军随即追赶齐军,3次围绕着华不注山奔跑。晋国三军司马韩厥作战之前梦见他去世的父亲对他说:"明天早晨作战时要避开战车左边和右边的位置。"因此作战时,韩厥站在战车中间担任赶车的追赶齐顷公的战车。

邴夏见韩厥很有威仪,像大将的模样,就对弓箭手说:"射那个赶车的,他是个君子。"

齐顷公说:"称他为君子却又去射他,这不合于礼。"下令弓箭手不准射站在中间位置赶车的韩厥,于是,弓箭手只射车左和车右,车左和车右都中箭掉下了车。

晋军的将军綦毋张损坏了自己的战车,跟在韩厥的车后说:"请允许我搭乘你的战车。"他上车后,无论是站在车的左边,还是站在

■ 春秋时期战争场面

车的右边,韩厥都用肘推他,让他站在自己身后。

往回撤时,逢丑父和齐顷公互相换了个位置。当他们乘坐的战车将要到达华泉时,战车的骖马被树木绊住而不能继续逃跑而停了下来。而车右逢丑父前一天夜里睡在战车时,有一条蛇从他身子底下爬出来,他用小臂去打蛇,小臂受伤,但为了能当车右逢丑父隐瞒了这件事。所以,当齐顷公的战车被绊住时,由于逢丑父不能用臂推车前进,因而被韩厥追上了。

韩厥拿着拴马绳走到齐顷公的马前,两次下拜并行稽首礼,捧着一杯酒并加上一块玉璧给齐顷公送上去,说:"我们国君派我们这些臣下为鲁、卫两国求情,他说:'不要让军队进入齐国的土地。'我很不幸,恰巧碰上了您的军队,没有地方逃避和躲藏。而且我也害怕逃跑而使两国国君受辱。所以,冒昧地向您禀告,我只是由于人才缺乏才充当了这个官职。"

冒充齐顷公的逢丑父命令齐顷公下车到华泉去取水。这时,齐国卫士郑周父和宛茷驾着后备车赶到,把齐顷公拉上车就跑掉了,使齐顷公免于被俘。

韩厥把抓获的逢丑父献给郤克,郤克打算杀掉他,逢丑父说:"到现在为止还没有代替自己国君受难的人,有一个在这里,还要被杀死吗?"

郤克说:"他敢献出自己的生命使自己的国君免于祸患,我杀了他,不吉利。而赦免他,则可以用来勉励事奉国君的人。"于是韩厥就赦免了逢丑父。

《公羊传》的体裁特点是经传合并,传文逐句传述《春秋》经文的大义,与《左传》以记载史实为主

---

**齐顷公**(?~公元前572年),姜姓,吕氏,名无野,齐惠公之子,他被晋军追逼,差点被俘,幸得大臣逢丑父相救,二人互换衣服,佯命齐顷公到山脚华泉取水,得以逃走。后来齐国国势趋衰。齐顷公变得低调内敛,周济穷人,照顾鳏寡,颇得民心。

**今文经学** 指汉初由老儒背诵、口耳相传的经文与解释,由弟子用当时的隶书记录下来的经典,是我国古代儒学重要流派。今文经学家的理论提供了谶纬之术的发展空间,谶语之术后来保留在道教传统中,以各种不同形式持续地影响着我国此后的政治、思想和民间信仰。

不同。《公羊传》语言更加通俗、叙写更具体。由于《公羊传》形成于战国后期,著之竹帛乃在汉初,一个相当长的时间内,师生授受以口耳相传为主。这样就使之带有口头讲述的特征,甚至夹杂一些民间传说的味道,而不同于《左传》语言之简劲峻洁,书面化,典雅化。

《公羊传》是今文经学的重要经籍,历代今文经学家时常用它作为议论政治的工具。同时它还是研究先秦至汉间儒家思想的重要资料。后世注释《公羊传》的书籍主要有东汉今文经学家何休撰《春秋公羊解诂》、唐朝今文经学家徐彦作《公羊传疏》、清朝今文经学家陈立撰《公羊义疏》。

《公羊传》写定于汉初,系用汉代通行的隶字书写,它是今文经学中富有理论色彩的代表性典籍。公羊学者认为,《春秋》是孔子借春秋时期历史事件以表示自己的政治观点,处处包含"微言大义"。这同古文经学派认为《春秋》是一部历史著作不同。

总括来说,《公羊传》的历史哲学具有政治性、变易性和可比附性三大特点,这在儒家经典中并不多见。《公羊传》的主要精神是宣

春秋时期战场

■ 春秋战国时期青铜战马

扬儒家思想中拨乱反正、大义灭亲,对乱臣贼子要无情镇压的一面,为强化中央专制集权和"大一统"服务。

《公羊传》尤为今文经学派所推崇,是今文经学的重要典籍,历代今文经学家都常用它作为议论政治的工具。它也是研究战国、秦、汉间儒家思想的重要资料。

> **阅读链接**
>
> 《春秋公羊传》的"三世说"认为:"所传闻世"是"据乱世""内其国外其夏";"所闻世"是"升平世""内诸夏外夷狄";"所见世"是"太平世""夷狄进至于爵,天下远近大小若一"。按照今文公羊家的阐发,《春秋》之"义"的重要内容之一是"张三世",即孔子将春秋时期的历史,划分成了"据乱世""升平世""太平世"。
>
> 今文家的这种认识有两点值得注意:一是他们所"描述"的历史运动,并不符合史实却符合"理想"。从春秋"本然"的历史来看,"三世说"的诬妄显而易见。

# 强调礼乐教化的《谷梁传》

公元前590年,晋景公派出大夫郤克出使齐国,想联合齐国一起攻打楚国。郤克到齐国后,发现同时来齐国的使者还有鲁国上卿季孙行父、卫国上卿孙良夫和曹国公子姬首。这四国的使者都有点儿生理缺陷:郤克是独眼,季孙行父是秃顶,孙良夫是跛脚,姬首是驼背。

齐顷公是个孝子,他想借机让母亲萧同叔子开开心,于是做了一番精心安排。他安排给郤克驾车的是一个"独眼龙";给季孙行夫驾车的是个"秃子";孙良夫的驭手是"瘸子";公子姬首的驭手是"罗锅"。

齐顷公宴请四国使者前,事先安排母亲隐藏于后苑"崇台"上帷幕后面。当4位使臣经过台下入席时,忽然听到台后爆发出一阵女人的哄笑。这

《谷梁传》书影

> **郤克**（？～公元前587年），即郤献子，春秋中期晋国正卿，军事家，身残志壮的元帅，冀芮嫡孙，冀缺嫡子，生于世卿之家，而长于阡陌之间。与赵朔、栾书为至交，是当时著名的将领。郤献子对敌虽刻，对内则缓，其博闻多能、惠而内德、智能翼君，有赵衰、范会之风。

4位使者在其国内都是"一人之下，万人之上"的人物，遭到齐顷公的戏辱，岂能善罢甘休！

两年后，郤克亲率800辆战车与鲁、卫、曹组成的"四国联军"携怒而来，讨伐齐国。战胜的晋国在和解条件中，还特别提出一条：必以萧同叔子为质。

拿齐国的"国母"作为人质，这是决不能接受的，为此齐国表示要"决战到底"，晋国才放弃此项要求。讨齐之战后的第二年十二月，齐顷公到晋国行朝聘礼，将要举行授玉礼节时，晋国执政郤克还记得被齐顷公母亲嘲笑的事，快步进入说："您是为了女人的戏笑而受到羞辱，所以寡君不敢当授玉之礼。"

晋献公想要讨伐虢国，大夫荀息出主意说："君主为什么不用北屈出产的马，垂棘出产的璧，向虞国借路呢？"

■ 秦汉时期的朝觐浮雕

晋献公说:"这是晋的国宝,如果受了我的礼物而不借路给我,那又拿它怎么办?"

荀息说:"这些东西是小国用来献给大国的。它不借路给我们,一定不敢接受我们的礼物。如受了我们的礼而借路给我们,那就是我们从里面的库藏里拿出来,而藏在外面的库藏里,从里面的马房里拿出来,而放在外面的马房里。"

汉代佛教壁画

于是,晋献公就带着宝马、玉璧等礼物向虞国借路征伐虢国。虞国大夫宫之奇劝谏国君虞公说:"晋国的使者言辞谦卑而礼物隆重,对虞国没有好处。"虞公不听,接受了晋国的礼物而借路给晋国。

大夫宫之奇说:"俗语说:'唇亡齿寒。'岂不就说的这件事吗!"于是,宫之奇便带领自己的老婆孩子投奔到曹国去了。晋献公灭了虢国,5年以后,果然占领了虞国。

以上这两个故事都记录在《谷梁传》中。当时有个叫谷梁赤的人,将他知道的《春秋》经文的内容大义给记录下来,并编撰成书,取名为《谷梁传》。

《谷梁传》是《谷梁春秋》《春秋谷梁传》的简称。《春秋谷梁传》为儒家经典之一,其与《左传》《公羊传》同为解说《春秋》的三传之一。

《谷梁传》所记载的时间起于公元前772年,终于公元前481年,体裁上与《公羊传》相似。《公羊传》着重阐释《春秋》的微言大义,强调尊王攘夷、大一统的思想,与现实政治配合较密切;《谷梁传》则主要以文义阐发《春秋》经文,较为谨慎,认为应该信以传信，疑以传疑，主张贵义而不贵惠，信道而不信邪，成人之美而不成人之恶。

《谷梁传》起初也为口头传授，至西汉时才成书。《谷梁传》最初与《春秋》也是"别本单行"的，到了晋代经学家范宁作集解时，就把经传合为一书了。

后来，唐代经学家杨士勋又进一步为之作疏，称《春秋谷梁传注疏》，共20卷。清代也有好几家为《谷梁传》作注。较通行的本子是清代经学家阮元的《十三经注疏》。

同《公羊传》相比较，《谷梁传》的一个突出特点是它强调礼乐教化，力主仁德之治。从重民的思想出发，《谷梁传》力主仁德之治。《谷梁传》着重宣扬儒家思想，注重礼义教化和宗法情谊，为缓和内部矛盾，稳定封建统治的长远利益服务，因而也受到统治阶级的极大重视。它是我们研究秦汉间及西汉初年儒家思想的重要资料。

《谷梁传》对于史学发展的意义，更重要的是在历史思想方面产生的影响。《谷梁传》主张"著以传著，疑以传疑"，指出史家应遵从忠实记载史实的原则，并能够将这一原则贯彻到自己的著作之中。

**阅读链接**

南宋《春秋》学家胡安国，以其《时政论》《治国论》《春秋传》奠定了将心性之学与经世致用相结合的"湘派"学风。其子胡宏传此学风于张栻，张栻湘中门人众多，对湘潭乃至湖南的人文教化和道德风尚有深远影响。

胡安国父子及他们的门生湖湘文化对我国近代的影响是巨大的，对于造就湖南近世英才并推动我国历史发展起了不容置疑的推动作用。以修身养性，经世我用为典型特征的湖湘文化，是由胡安国父子创立，由他们的门生继承且光大发扬的，他们是湖湘文化的鼻祖。